Irina Zuboff
Leben und arbeiten in den Niederlanden

Irina Zuboff

Leben und arbeiten in den Niederlanden

interna
Ihr persönlicher Experte

interna

Dieser Ratgeber wird digital produziert. Die laufende Einarbeitung von Änderungen und Ergänzungen garantiert stets optimale Aktualität und Rechtssicherheit. Zusatzservice für alle Leser: regelmäßige Redaktionssprechstunde.

VlB-Titelmeldung
Irina Zuboff
Leben und arbeiten in den Niederlanden
ISBN 978-3-939397-30-4

Umschlaggestaltung: workstation GmbH, Bonn
Satz: KomZil, Bonn
Druck: Bonner Druck & Medien GmbH, Bonn

Verlag interna GmbH
Handelsregister HRB 15534
Amtsgericht Bonn
Geschäftsführer: Jörg Mielczarek
Auguststr. 1, 53229 Bonn
Tel.: 02 28 / 85 44 98-0, Fax: 02 28 / 85 44 98-20
www.verlag-interna.de
info@verlag-interna.de

Printed in Germany

Inhalt

Vorwort

Ein Buch über die Niederlande zu schreiben bedeutet, dieses Land wegzurücken von allen Klischees, die darüber im Umlauf sind. Käse, Klumpschuhe, Tulpen und Windmühlen bestehen zwar, bilden jedoch mehr das fröhliche Dekor für ein viel differenzierteres kleines Land. Wer hier leben und arbeiten möchte, muss wissen, auf was er sich einlässt.

Die früher oft gepriesene Toleranz unter den Menschen, die manchmal einer gewissen Ignoranz nahe kam, ist durch die Probleme in der Ausländerpolitik einem stärkeren Gefühl für Eigenidentität gewichen, was Vor- und Nachteile mit sich gebracht hat.

Wer in den Niederlanden wohnen möchte, sollte die Natur lieben, denn der Umgang mit dem Meer und dem Regen, dem Wind und den Jahreszeiten bildet einen gewaltigen Anteil im Selbstverständnis der Bevölkerung. Wer bei strömendem Regen und drohendem Orkan einem vergnügten Fahrradfahrer begegnet, der mit offenem Kragen und ohne Kopfbedeckung dem Winde trotzt, kann vermuten, dass die Auseinandersetzung mit der Natur schon in die Schichten des Unterbewusstseins abgesackt ist. Doch bildet diese Einstellung einen wichtigen Punkt im Zusammenleben und kann einen als Ausländer unter Umständen in überraschende Situationen bringen.

Die geringe Größe des Landes bietet neben dem Nachteil, dass man sich ab und zu beengt fühlen kann, den enormen Vorteil, dass es hervorragend organisiert ist. Einen neuen Führerschein oder ein anderes wichtiges Dokument hat man nach Anfrage innerhalb weniger Tage in der Hand, und die Beamten sind ausgesprochen freundlich und menschlich. Auch die Polizei, sofern man z. B. durch zu temperamentvolles Autofahren mit ihr in Kontakt kommt, ist immer bereit, über die verschiedenen Standpunkte in dieser Angelegenheit zu diskutieren. Die öffentlichen Verkehrsmittel sind gut vernetzt und nicht zu teuer, Schlangen in Geschäften werden durch Folgenummern geordnet und bieten einem die Möglichkeit, zwischendurch eventuell noch kurz etwas anderes zu erledigen, was Spannungen vermeidet. Insgesamt bilden all diese Dinge eine gute Basis für ein angenehmes Leben.

Dieses Buch soll ein Leitfaden sein für diejenigen, die darüber nachdenken, sich in den Niederlanden niederzulassen. Neben praktischen Tipps und wichtigen Adressen gibt es auch Einblick in die Lebensart der Niederländer, was es einfacher macht, sich schneller zuhause zu fühlen.

1. Königreich der Niederlande, ein Überblick

1.1 Eckdaten

Wahlspruch:	Je maintiendrai (ich werde beharren)
Amtssprache:	Niederländisch und Friesisch
Hauptstadt:	Amsterdam
Regierungssitz:	Den Haag
Staatsform:	parlamentarische Monarchie
Staatsoberhaupt:	Königin Beatrix
Regierungschef:	Ministerpräsident Jan Peter Balkenende
Fläche:	41.528 Quadratkilometer
Gliederung:	12 Provinzen, 443 Gemeinden
Einwohnerzahl:	16.406.502 (Januar 2008)
Bevölkerungsdichte:	484 Einwohner pro Quadratkilometer
Währung:	Euro
Unabhängigkeit:	Proklamation am 2. Juli 1581, 1648 anerkannt (Westfälischer Friede)
Nationalhymne:	Het Wilhelmus
Zeitzone:	MEZ
Kfz-Kennzeichen:	NL
Internet-Kürzel:	.nl
Telefonvorwahl:	0031

1.2 Geschichte

Durch den Westfälischen Frieden am 15. Mai 1648 erhielten die Vereinigten Provinzen der Niederlande ihre Unabhängigkeit. Seitdem kann man von den Niederlanden als einem eigenständigen Staat sprechen.

Davor hatten sich die Bewohner der lose miteinander verbundenen protestantischen Provinzen Flandern, Brabant und Holland beinahe zwei Jahrhunderte lang gegen die spanisch-katholische Habsburger-Monarchie gewehrt. Mit Hilfe der Inquisition wollte jene den Katholizismus erzwingen. 1568 führte Prinz Wilhelm von Oranien schließlich den niederländischen Freiheitskampf gegen die spanische Besatzung an, die man 1648 in die Flucht schlagen konnte. Bis heute wird der 5. Mai in den Niederlanden mitunter als Tag der Befreiung von den Spaniern gefeiert.

In der Periode des 80-jährigen Krieges entwickelten sich die verbündeten Provinzen, gestärkt durch zunehmendes nationales Selbstbewusstsein, zu einer großen europäischen Handelsmacht durch Überseehandel und das Gründen von Kolonien. Der sich dadurch entwickelnde Reichtum führte im 17. Jahrhundert zum goldenen Zeitalter (de gouden eeuw) der Niederlande, in dem auch die Kunst und die Wissenschaften eine Blütezeit erlebten. Maler wie Rembrandt Harmenszoon van Rijn, Frans Hals und Johannes Vermeer, Architekten wie Jacob van Campen und Hendrick de Keyser, Schriftsteller wie Joost van den Vondel und Komponisten wie Jan P. Sweelinck, all sie wirkten in dieser Periode. Hugo Grotius legte den Grundstein für das internationale Recht und begründete das Recht der freien Meere, Christiaan Huygens erfand die Pendeluhr, Antoni van Leeuwenhoek Teile des Mikroskops. Auch die Buchverlage blühten durch die wegen der internationalen Orientierung der Niederlande herrschende Toleranz. Umstrittene Texte wurden oft heimlich in den Niederlanden gedruckt und dann in andere Länder exportiert.

Bis zur französischen Revolution konnten die Niederlande ihre Vormachtstellung unter den europäischen Kolonialmächten behaupten. 1795 fielen die Franzosen ein, und die Niederlande wurden ein französischer Vasallenstaat.

Am 2. Dezember 1813 wurde die Unabhängigkeit von französischer Herrschaft ausgerufen, und König Wilhem I. von Oranien wurde König. Das Vereinigte Königreich der Niederlande war geboren, zu dieser Zeit allerdings gehörten Belgien und Luxemburg auch noch dazu. Im Jahre 1830 machte sich Belgien unabhängig, Luxemburg folgte kurz darauf.

Im Ersten Weltkrieg bewahrten die Niederlande ihre Neutralität. Im Zweiten Weltkrieg fielen die Deutschen 1940 ein. Nur wenige der beträchtlichen jüdischen Gemeinschaft überlebten den Krieg. 1949 gelang es der Kolonie Indonesien, trotz Widerstands der Niederlande ihre Unabhängigkeit zu erkämpfen, 1975 folgte Surinam auf friedliche Weise.

Bis auf den heutigen Tag regiert das Haus Oranje die Niederlande; seit dem 30. April 1980 steht Königin Beatrix an der Spitze der Monarchie.

Im Jahre 2001 wurden gleichgeschlechtliche Ehen und die Euthanasie legalisiert.

Durch die Morde an dem Politiker Pim Fortuyn im Jahre 2002 und dem Filmregisseur Theo van Gogh 2004, der durch islamistische Extremisten ums Leben gebracht wurde, wurde das vorher recht friedliche multikulturelle Zusammenleben heftig erschüttert. Es kam zu Brandanschlägen auf islamische und christliche Einrichtungen und zu Debatten über die Ausländerpolitik. Das

Selbstverständnis der Niederländer hat sich seitdem verändert. Die vorher zum Volk gehörende Toleranz ist einem stärkeren Gefühl für Eigenidentität gewichen, was sich auch deutlich im Wahlergebnis vom November 2006 abgezeichnet hat. Auch der geplante Bau eines nationalhistorischen Museums in Arnheim, welches zeigen soll, was die Niederlande zu dem Land macht, das es ist, liegt auf dieser Linie.

1.3 Regierung

Das Königreich der Niederlande besteht aus den Niederlanden, den Niederländischen Antillen und Aruba. Es zählt zu den konstitutionellen Monarchien Europas. Die Königin ist nicht allein Repräsentantin des Staates, sondern wirkt auch mit bei der Regierungsbildung. Die Position der Königin ist im Grundgesetz festgelegt, was einmalig ist in Europa. Dadurch ist das Zusammenspiel zwischen Königin, Kabinett und Parlament ausgewogen.

Die Regierung besteht aus der Königin und den Ministern.

Das Kabinett setzt sich aus allen Ministern und Staatssekretären zusammen und trägt den Namen des Ministerpräsidenten. Nachdem das Kabinett Balkenende III nach einem Konflikt zwischen Einwanderungsministerin Rita Verdonk (VVD, Volkspartij voor Vrejheid en Democratie) und der somalischen Immigrantin Ayaan Hirsi Ali im Juni 2006 gefallen war, konnte nach Neuwahlen im November schließlich im Februar 2007 das Kabinett Balkenende IV vereidigt werden. Nach langwierigen Verhandlungen verständigten sich die CDA (Christen Democratisch Appel), Christenunie und die sozialdemokratische PvdA (Partij van de Arbeid) auf ein Regierungsprogramm, dessen wichtigstes Motto „samen werken, samen leven" ist, was übersetzt „zusammen arbeiten, zusammen leben" bedeutet und auf wirtschaftliches Wachstum, Beständigkeit, zwischenmenschlichen Respekt und Solidarität als Ziele hinweist.

Das Parlament umfasst zwei Kammern, die jeweils für vier Jahre gewählt werden. Die 75 Abgeordneten der Ersten Kammer werden von den Landtagen der zwölf Provinzen gewählt, die 150 Abgeordneten der Zweiten Kammer direkt vom Volk. Sie können selbst in die Gesetzgebung eingreifen, während die Abgeordneten der Ersten Kammer Gesetzentwürfe nur annehmen oder ablehnen können.

Jedes Jahr am „Prinsjesdag", dem dritten Dienstag im September, präsentiert das Kabinett einen neuen Haushaltsplan. Die Thronrede der Königin geht auf die wichtigsten Ziele der Regierung ein. Die Mitglieder des Kabinetts, der Ersten und der Zweiten Kammer sind bei diesem Ereignis im Rittersaal des Binnenhofs (dem Regierungsgebäude) in Den Haag anwesend.

1.4 Religion

Das Christentum und der Islam sind in den Niederlanden die wichtigsten Religionen, wobei der Islam mit rund 6 % noch eine Minderheit darstellt.

Die zwei größten Kirchen sind die römisch-katholische Kirche (27 %) und die protestantische Kirche (12 %). Bis ca. 1960 war die Mehrheit der Bevölkerung protestantisch und vor allem calvinistisch. Ein Charakteristikum des Calvinismus ist die Askese, die auch deutlich die Arbeitsmoral beeinflusst hat. Zeitvergeudung galt als schlimmste Sünde, wozu auch langer Schlaf oder Luxus zählten.

Obwohl ein größerer Teil der Bevölkerung nun katholisch ist bzw. gar keiner Glaubensgemeinschaft mehr angehört, hat sich die calvinistische Moral tief in die Herzen der Niederländer eingegraben. Auch sind die katholischen Kirchen im Norden des Landes noch recht karg und schmucklos; die berühmte Sparsamkeit der Niederländer und der sehr gebräuchliche Ausspruch „Doe maar gewoon, dan doe je nog gek genoeg“, was so viel heißt wie „Benimm dich natürlich, dann bist du immer noch verrückt genug.“, haben ihre Wurzeln im calvinistischen Denken.

In der Mitte des Landes gibt es noch einen „Bijbelbelt“ (Bibelgürtel) mit einem erhöhten Prozentsatz strenger Calvinisten.

1.5 Sprache

Die niederländische Sprache gehört mit der hochdeutschen Sprache zum germanischen Zweig der indogermanischen Sprachen. Beide Sprachen kann man als Schwestersprachen betrachten.

Das Niederländische leitet sich vor allem vom Niederfränkischen und einigen anderen germanischen Dialekten ab. Das moderne Niederländisch beruht vor allem auf den Mundarten der Provinzen Holland und Brabant sowie Lehnwörter aus dem Französischen und Englischen (so heißt „dankeschön“ z. B. „dankje wel“). Das Afrikaans ist direkt aus dem Niederländischen entstanden.

1.6 Klima

Das Klima in den Niederlanden wird hauptsächlich bestimmt durch deren Position zum Meer. In unmittelbarer Nähe zum Meer wird der Temperaturunterschied zwischen Sommer und Winter stets geringer, im Osten und Nordosten des Landes gibt es noch die kältesten Winter und wärmsten Sommer. Es herrscht Westwind vor, der am Meer sehr viel stärker ist als im Binnenland und besonders im Herbst orkanartig werden kann. Die trockenste Zeit ist im Allgemeinen der Frühling; die höchsten Temperaturen treten mit ca. 28 Grad im Juni und Juli auf.

Die weltweite Klimaveränderung hat sich auch in den Niederlanden in den letzten Jahren mit langen Hitzewellen und ungewöhnlich lauen Wintern mit Temperaturen um 15 Grad ausgewirkt. Fällt allerdings ab und zu mal ein Millimeter Schnee, bricht der Verkehr vollkommen zusammen – eine völlig unverständliche Tatsache, wenn man bedenkt wie souverän die Niederländer mit Hochwasser und Sturm umgehen, aber Schneefall scheint sie zu verunsichern.

1.7 Wasser und Polder

Das Leben der Niederländer zeichnet sich aus durch ihren Kampf mit dem Wasser. Meer und Flüsse drohten oft, das kleine Land zu überschwemmen, und besonders das Gebiet im Mündungsdelta von Rhein, Maas und Schelde wurde in der Vergangenheit verschiedene Male von Hochwasserkatastrophen heimgesucht.

Die Bewohner versuchten sich durch Warften zu schützen; das waren aufgeschüttete Hügel, die dann bebaut wurden und zwischen denen später noch zusätzlich Deiche angelegt wurden, um größere Gebiete zu schützen, sowie Windmühlen, um überschüssiges Wasser abzupumpen. Auf diese Weise entstanden die Polder, d. h. dem Wasser abgewonnenes Land. Verwendete man früher noch Windmühlen zum Abpumpen des Wassers, so wurden im 18. Jahrhundert schon Dampfmaschinen dafür entwickelt. Mitte des 19. Jahrhunderts wurde der größte Binnensee der Niederlande, das Haarlemmermeer, trocken gelegt. Durch die Trockenlegung stets größerer Bereiche des Meeres gewann man riesige Flächen, die heute bebaut sind.

1953 wurden nach einer schweren Springflut, bei der Deiche in Seeland und auf den Inseln in Südholland brachen, die Deltawerke entwickelt, die größte Hochwasserschutzanlage, die jemals gebaut wurde. Durch die enorme Erfahrung, die die Niederländer im Kampf mit dem Wasser entwickelt haben, helfen sie anderen Völkern auf diesem Gebiet in der ganzen Welt.

1.8 Wirtschaft

In den neunziger Jahren galt das „Poldermodell“ in den Niederlanden als großes Vorbild für andere europäische Länder. Man bezeichnete damit die organisierte Zusammenarbeit zwischen Arbeitgebern, Gewerkschaften und unabhängigen, von der Regierung ernannten Mitgliedern in einem Wirtschaftsrat. Die Tradition dieses Modells ging bis zurück ins Mittelalter.

Neben hohen wirtschaftlichen Wachstumsraten gelang es damit auch, die Arbeitslosenquote auf ein sehr niedriges Niveau zu senken.

Nach einer Rezession im Jahre 2003 befinden sich die Niederlande nun wieder in einer Phase der Erholung.

Die niederländische Wirtschaft ist hauptsächlich auf den Export ausgerichtet. Neben den USA und Frankreich sind sie der drittgrößte Exporteur landwirtschaftlicher Produkte (z. B. Gemüse, Blumen, Käse).

An Naturressourcen verfügen sie über Erdgaslager sowie kleinere Erdölreserven und Salzlagerstätten. Der Rotterdamer Überseehafen und der Flughafen Schiphol gehören zu den größten Handels- und Umschlagplätzen Europas.

1.9 Umgangsformen und Gebräuche

Die niederländischen Umgangsformen scheinen im Vergleich zu den deutschen sehr informell zu sein; man wird z. B. schnell geduzt, und schon bei der ersten Begegnung werden oft Angelegenheiten aus dem Privatleben erzählt. Dennoch verbirgt sich hinter dieser Offenheit ein deutliches Gefühl für den richtigen inneren Abstand und Hierarchie. Das ist etwas, was man erspüren muss. Wem das nicht gelingt und wer den Niederländern dadurch zu nah kommt (oder auch zu distanziert bleibt) wird nicht brüskiert, aber belächelt.

Ein wesentliches Merkmal des niederländischen Charakters ist die Ehrlichkeit. In Verhandlungen oder Gesprächen kann das oft recht konfrontierend sein, da schnell konkrete und kritische Fragen und Bemerkungen geäußert werden. Der Vorteil davon ist jedoch, dass beide Gesprächspartner wissen, wo sie stehen. Raffinierte und hinterlistige Schachzüge sind den Niederländern fremd.

Geschäftsverhandlungen sowie ernste und weniger ernste Gespräche werden oft beim „kopje koffie“geführt, d. h. einer Tasse Kaffee zwischen 10 und 11 Uhr morgens. Das kopje koffie ist eine feststehende Einrichtung, und nichts kann so wichtig sein, dass es dafür nicht unterbrochen werden könnte. Im Sommer findet dieses Ritual manchmal auch auf der Straße vor dem eigenen Haus statt und verleiht dem Leben dadurch einen fast südländischen Reiz.

Wird man bei jemandem zu Hause zum Essen eingeladen, so darf man nicht, wie es in Deutschland üblich ist, pünktlich sein; man läuft sonst Gefahr die Gastgeberin noch im Bademantel anzutreffen. Eine Viertel- bis sogar halbe Stunde später zu kommen, ist gebräuchlich. Das gilt nicht für Verabredungen im Restaurant, es sei denn, es handelt sich auch dort um eine Einladung innerhalb einer geschlossenen Gesellschaft. Kleine Mitbringsel (wie z. B. Pralinen) bei solch einer Gelegenheit finden die Niederländer nett, vor allem als symbolischen Ausdruck des Respekts.

Möchte man einen neuen Geschäftspartner oder eine Bekanntschaft näher kennen lernen, findet man aber ein Abendessen mit dieser Person noch zu nah, so veranstaltet man mit ihm einen „borrel“. Der borrel in den Niederlanden gehört zu den wichtigsten sozialen Events, er ist ein Stück Volkskulturgut geworden. Man versteht darunter einen Aperitif mit meistens Häppchen, ähnlich den spanischen Tapas. Die Spannbreite des Borrels reicht von einem Glas Wein oder Bier mit ein paar Nüssen bis zu einem ausgebreiteten Büffet mit raffiniertester Auswahl und Champagner. Das wesentliche Charakteristikum dabei bleibt die „offene“ Situation, in der man weder an die Person, mit der man es zu tun hat, noch an den Ort, an dem es stattfindet, zu stark gebunden ist (und die den Niederländern als Seefahrervolk natürlich sehr nahe ist).

Eng verbunden mit dem Begriff des Borrels ist der Begriff der Geselligkeit. „Gezelligheid“ kommt dem deutschen Begriff der Gemütlichkeit wohl am nächsten, das Wort wird sehr oft gebraucht und ist den Niederländern sehr wichtig, „Nederlandse Gezelligheid“ charakterisiert eine ganz bestimmte Stimmung zusammen in der Wärme einer Stube (oder eines Zeltes) mit Kaffee oder Jenever. Sie macht das Leben warm, wenn draußen der kalte Wind ums Haus (oder ums Zelt auf einem Campingplatz) pfeift.

Ein weiterer wichtiger Brauch ist das Verteilen von „Beschuit met muisjes“ bei der Geburt eines Kindes. Beschuit met muisjes ist ein runder Zwieback, bestreut mit rosa oder himmelblauen und weißen, verzuckerten Anissamen, je nachdem ob es sich um ein Mädchen oder einen Jungen handelt, der geboren wurde. Den Hintergrund dieses Brauchs bilden die Maus als Fruchtbarkeitssymbol und Anis, von dem allgemein bekannt ist, dass er die Muttermilchproduktion stimuliert.

Bei der Geburt eines Königskindes wird im ganzen Land entsprechend dem Hause Oranje oranger Beschuit met muisjes verteilt.

Über die Karawanen niederländischer Wohnwagen, die über deutsche Autobahnen kriechen, ist schon viel gespottet worden, und die Tatsache, dass die Niederländer ihren „Pindakaas" (Erdnussmus) bis ans andere Ende der Welt mitschleppen, wurde oft ihrem Geiz zugeschrieben. Ich glaube, dass es die Kombination einer bestimmten Sparsamkeit ist mit dem Bestreben, im Hinblick auf ihre Seefahrerahnen in jeder Situation überlebensfähig und unabhängig zu sein.

1.10 Feste

Das wichtigste Fest in den Niederlanden ist „Sinterklaas". Es ist das Fest des Heiligen Nikolaus, der seinen Geburtstag nicht wie in Deutschland am 6. Dezember feiert, sondern am 5.; die Vorfreude darauf bringt die niederländischen Kinder völlig außer Rand und Band und deren Eltern oft an den Rand der Verzweiflung.

Mitte November kommt der heilige Mann aus Spanien, wo er lebt, im Hafen von Scheveningen mit seinem Dampfboot an und bringt seinen Schimmel und hunderte von „zwarte pieten" mit; das sind altmodisch gekleidete „Mohren". Um nicht den Anschein rassistischer Gedanken zu wecken, hat man auch schon versucht, bunte, farbige Pieten mitzunehmen, das hatte bei den Kindern jedoch keinen Erfolg.

Diese Ankunft ist ein riesiges Volksfest mit tausenden von Kindern aus allen Ecken der Niederlande, mit Musik, Luftballons und Zuckerwatte und furchtbar vielen Pfeffernüssen und Bonbons, die von den Pieten in die Menge geschmissen werden. Nach seiner Ankunft reitet der Heilige Nikolaus durch die Stadt mit Autos und Kutschen voller Pieten hinter sich, ähnlich einem Karnevalsumzug.

Die Wochen danach dürfen die Kinder mehrere Male ihre Schuhe vor den Kamin stellen, und die Mär sagt, dass die Pieten in der Nacht durch den Schornstein steigen und die Schuhe mit Süßigkeiten und kleinen Geschenken füllen. Natürlich sind es die Eltern, die am besten schon am Anfang des Jahres damit anfangen, kleine Geschenke für die Schuhe zu kaufen, weil es sonst im November einen Riesenstress für Leib, Seele und Geldbörse bedeutet. Die meisten kleinen Kinder laufen in diesen zwei bis drei Wochen täglich verkleidet als Pieten oder Sinterklaas herum, singen Lieder und in beinahe jedem Laden gibt es kleine Geschenke für die Kinder. Außerdem finden verschiedene Sinterklaasfeste bei Freunden und in der Schule statt. Diese Geschenke- und Süßigkeitenflut ist für die Kinder und ihre Eltern sowieso oft nur noch schwierig zu verarbeiten.

Der „Pakjesavond“ am 5. Dezember bildet dann den Höhepunkt des Festes und wird gefeiert mit einer Bescherung durch Sinterklaas, der auch oft persönlich erscheint mit sehr vielen Geschenken für die Kinder. In dieser Zeit sieht man öfters gegen Abend Sinterklaase und Pieten auf dem Fahrrad oder Motorrad durch die Stadt fahren auf dem Weg zu ihrer „Arbeit“. Es sieht sehr komisch aus. Warum Sinterklaas dann manchmal durch einen schiefen Schnurrbart oder eine skurrile Bischofsmütze geziert wird oder die Pieten auffallende Ähnlichkeit mit dem Nachbarn aufweisen, muss von den Eltern mit viel Fantasie und Hingabe erklärt und gedeutet werden; meine Kinder erklärten es sich dadurch, dass ein älterer Herr vor über 300 Jahren durch diese Arbeit wahrscheinlich so gestresst wurde, dass er sich eine Armee von Hilfssinterklaasen zugelegt hat. Das kommt der Wahrheit ziemlich nahe, die oft jahrelang auf sich warten lässt, denn nicht mehr an den Sinterklaas zu glauben bedeutet auch eine erhebliche Einbuße an Geschenken.

Erwachsene feiern dieses Fest mit „Surprisen“; das sind kleine Geschenke, die in eine riesige Bastelei eingepackt und mit einem Gedicht versehen werden, das den Beschenkten in liebevoller Weise ironisch charakterisiert.

In der Nacht vom 5. auf den 6. Dezember fährt Sinterklaas mit seinem Gefolge zur großen Erleichterung aller Erziehungsberechtigten wieder zurück nach Spanien. Die Vorweihnachtszeit und Weihnachten selbst werden dann besinnlich und oft ohne Geschenke gefeiert; es geht dann nur noch um den religiösen Inhalt des Festes.

Das Sinterklaasgeschehen ist natürlich auch mit viel Symbolik verbunden. So reitet der heilige Mann mit seinem Pferd nachts über die Dächer, um die Kinder durch den Kamin zu beschenken, was den himmlischen Segen symbolisieren soll, und die schwarzen Männer im Gefolge des Sinterklaas symbolisieren die dunklen Mächte, die im Dienste des Lichtes auch Gutes bewirken können. Ob sich viele Niederländer dieser Symbolik noch bewusst sind, ist zu bezweifeln – es geht inzwischen hauptsächlich um den äußerlichen Zirkus und den Spaß für die Kinder.

Ein weiteres zirkusähnliches Fest ist der „Koninginnedag“ am 30. April. Es ist ein nationaler Festtag und wird seit dem Jahre 1949 am Geburtstag von Königin Juliana gefeiert (zuvor feierte man ihn am 31. August, dem Geburtstag von Königin Wilhelmina). Obwohl Königin Beatrix am 31. Januar geboren wurde, ist der Koninginnedag am 30. April geblieben.

Schon Wochen zuvor sind die Straßen mit orangefarbenen Wimpelchen geschmückt und die Schaufenster der Konditoreien und Getränkeläden überladen mit orangefarbenem Gebäck und orangefarbenen Likören.

Die Nacht zuvor ist die „Koninginnenacht“ mit riesigem Volksfest und Open-Air-Auftreten vieler Musikgruppen, Tanz und Straßenfesten in der ganzen Stadt Den Haag und vielen anderen Städten. Am selben Tag fand früher ein großes Defilee vor dem Schloss Soestdijk statt, wo die Bürger der Königin gratulieren konnten. Inzwischen wurde das abgeschafft; dafür geht die Königin mit ihrer Familie auf Tournee durch das Land und besucht jedes Jahr zwei Gemeinden in einer Provinz, die für diesen Zweck natürlich schon Monate zuvor herausgeputzt werden.

Der „Prinsjesdag“ findet, wie schon kurz erwähnt, am dritten Dienstag im September statt. Er ist im Grundgesetz festgelegt und der Tag, an dem die Königin ihre Thronrede hält und die Regierung ihre politischen Pläne für das folgende Jahr vorlegt. Die Zweite Kammer stellt danach den Haushaltsplan vor. Dieser Tag ist mit vielen Ritualen verbunden. Die goldene Kutsche mit der Königin fährt vom Palais Noordeinde zum Rittersaal im Binnenhof, bejubelt durch die Bevölkerung und viele mit selbst gemachten Kronen verzierte Kinder, die in Den Haag dafür schulfrei bekommen. Die Damen des Königshauses und der Zweiten Kammer sind mit stets prachtvolleren Hüten geschmückt.

Übrige Festtage sind „Dodenherdenking“ am 4. Mai, an dem der Verstorbenen im Zweiten Weltkrieg und in den Konzentrationslagern in Europa und Indonesien gedacht wird. Zwischen 20 und 20:02 Uhr werden zwei nationale Schweigeminuten abgehalten.

Am 5. Mai wird die Befreiung von der Besatzung im Jahre 1945 (bzw. November 1944) und die Befreiung von den Spaniern im Jahre 1648 gefeiert.

Die übrigen Feiertage sind meist religiöser Art und ähnlich denen in Deutschland.

Karneval spielt vor allem in den Provinzen Limburg und Nord-Brabant eine große Rolle und wird dort beinahe so mysteriös wie in Venedig mit Masken und großen Spektakeln gefeiert.

1.11 Adressen

Deutsche Botschaft
Groot Hertoginnelaan 18-20
2517 EG Den Haag
Telefon: 070-34 20 600
Telefax: 070-36 51 957
www.den-haag.diplo.de
E-Mail via Kontaktformular auf der Webseite

Deutsches Generalkonsulat
Honthorststraat 36-38
1071 DG Amsterdam
Telefon: 020-57 47 700
Telefax: 020-67 66 951
www.den-haag.diplo.de
E-Mail via Kontaktformular auf der Webseite

Schweizerische Botschaft
Lange Voorhout 42
2514 EE Den Haag
Telefon: 070-36 42 831
Telefax: 070-35 61 238
www.ea.admin.ch/denhaag
hay.vertretung@ea.admin.ch

Österreichische Botschaft
Van Alkemadelaan 342
2597 AS Den Haag
Telefon: 070-324 54 70
Telefax: 070-328 20 66
www.bmeia.gv.at/botschaft/den-haag.html
den-haag-ob@bmeia.gv.at

Geschichte, Zeitgeschehen und Königshaus
www.ainp.nl
www.evd.nl
www.hollandtrade.com
www.koninklijkhuis.nl
www.regering.nl
www.studybuddy.nl

Informationen für Neuankömmlinge
www.expatwelcomeservices.nl
www.expatica.com
www.holland.com
www.howtosurviveholland.com
www.minbuza.nl
www.xpat.com

Klima und Wetter
www.knmi.nl
www.weathernews.nl

Sprachkurse
www.berlitz.com
www.learndutch.org
www.linguarama.nl

2. Arbeiten in den Niederlanden

2.1 Arbeitsmarkt

Seit Ende 2005 hat sich die Arbeitsmarktlage in den Niederlanden durch das wieder zunehmende Wirtschaftswachstum verbessert. Die Niederlande gehören damit zu den Ländern mit der niedrigsten Arbeitslosenquote. Das kommt auch durch die fortschrittliche Arbeitsmarktpolitik. Die Arbeitsverträge sind flexibel geregelt, und es gibt ein großes Angebot an Teilzeit- und Zeitarbeit.

Für deutsche Arbeitssuchende ist es hilfreich, wenn sie die Bereitschaft zeigen, die niederländische Sprache zu erlernen, auch wenn man in vielen Bereichen mit Englisch gut zurecht kommt.

In den Branchen Transport/Logistik, Seewirtschaft, Finanzdienstleistungen und Agrar- und Ernährungswirtschaft werden oft qualifizierte Fachleute gesucht. Durch die Nähe zu Deutschland ist dieses Angebot auch für Grenzpendler besonders anziehend.

In den Niederlanden gibt es seit langem einen Mindestlohn. Seine Höhe wird halbjährlich an die Preisentwicklung angeglichen; auch die Sozialhilfeleistungen sind an die Mindestlöhne gekuppelt. Seit dem 1. Januar 2006 beträgt der Mindestlohn 1.272,60 Euro monatlich brutto für Arbeitnehmer zwischen 23 und 64 Jahren entsprechend einem Stundenlohn von 7,30 bis 7,89 Euro bei Vollzeitbeschäftigung. Der Mindestlohn für Jugendliche liegt zwischen 30 % hiervon ab 15 Jahren bis 85 % ab 22 Jahren.

2.2 Arbeitssuche und Arbeitserlaubnis

Die Europäische Arbeitsvermittlung (EURES) hilft innerhalb deutscher Arbeitsämter bei der Suche nach einer Stelle in den Niederlanden, ebenso die Zentralstelle für Arbeitsvermittlung (ZAV) mit Sitz in Bonn.

In den Niederlanden selbst gibt es die Zentren für Arbeit und Einkommen (CWI, Centrum voor Werk en Inkomen), deren Motto lautet: „Arbeit ist wichtiger als Einkommen"; sie kümmern sich vor allem um die Wiedereingliederung des Arbeitssuchenden in den Arbeitsmarkt.

Unabhängig von Sozialleistungsbezug kann sich der Arbeitssuchende bei einem CWI anmelden. Seine Daten werden dann gespeichert, und er erhält eine Übersicht über für ihn in Frage kommende freie Stellen. Er kann bei einem CWI auch eine Sozialleistung aufgrund des allgemeinen Sozialhilfegesetzes beantragen; dann entscheidet die Gemeinde darüber. Ebenso kann eine Sozialleistung aufgrund des Arbeitslosengesetzes angefragt werden; dann übernimmt das Durchführungsinstitut für Arbeitnehmerversicherungen (UWV) die Entscheidung. Das CWI bietet ebenfalls aktive Vermittlung und Bewerbungstraining an.

Neben dem Arbeitsamt bieten „Uitzendbureaus" Zeit- und Teilzeitarbeit an. Ebenso enthalten Tageszeitungen aktuelle Stellenangebote.

Dem Bewerbungsschreiben sollte neben dem Motiv für die Bewerbung ein Lebenslauf mit Erwähnung persönlicher Interessen beigefügt sein. Diplome werden üblicherweise erst zum Vorstellungsgespräch mitgenommen.

Auch so genannte offene Bewerbungen sind in den Niederlanden üblich. Sie sollten sich dann schon über den Hintergrund des Unternehmens informiert haben. Manche Firmen haben auch Formulare auf ihrer Website stehen, auf denen man sich online bewerben kann.

Die EURES hat Tipps für die Anerkennung von Berufsausbildungen und Diplomen auf einer Website aufgeführt.

Es gibt für EU-Bürger keine Einschränkungen bei der Suche nach einer Arbeit. Durch die Staatsbürgerschaft eines Mitgliedstaats der EU erhält man automatisch auch die Arbeitserlaubnis. Will man länger als drei Monate in den Niederlanden bleiben und dort auch einen Wohnsitz suchen, so muss man sich bei der dortigen Fremdenpolizei (Vreemdelingenpolitie) um eine Aufenthaltsgenehmigung kümmern, die man unter Vorlage des Passes, einer Meldebescheinigung und einer Bescheinigung des Arbeitgebers oder der Bestätigung eines eigenständigen Gewerbes ohne Schwierigkeiten erhält.

Die Arbeitserlaubnis wird durch den niederländischen Arbeitgeber für den jeweiligen Arbeitsplatz beantragt. Folgende Unterlagen sind dafür notwendig: Angaben zum Arbeitgeber (dessen Eintrag in das zuständige Handelsregister), offizielles Arbeitsangebot des Arbeitgebers, Beschreibung der zukünftigen Arbeitsstelle, Nachweis des Arbeitgebers, keinen niederländischen Arbeitnehmer dafür gefunden zu haben, Diplome und Zeugnisse des Arbeitnehmers (übersetzt und beglaubigt), Lebenslauf, i. d. R. zwei Kopien des Passes, Nachweis des Beantragens einer Aufenthaltsgenehmigung, evtl. Überblick über frühere Arbeitsaufenthalte in den Niederlanden.

Vor dem Antritt seiner Stelle muss sich der Arbeitnehmer zusätzlich um eine Steuer- bzw. Bürgerservicenummer (BSN) beim zuständigen Finanzamt bemühen.

2.3 Sozialversicherung und Rente

Die Staaten der Europäischen Union haben eine bestimmte Garantie im Bereich der sozialen Sicherheit innerhalb dieser Länder erarbeitet. So gilt z. B., dass man in dem Land sozial versichert ist, in dem man eine Beschäftigung ausübt. Als Ausnahme gilt, wenn ein Arbeitnehmer von seinem Arbeitgeber für sein Unternehmen in ein anderes Land geschickt wird. Er bleibt dann in dem Land, aus dem er entsandt wird, sozialversicherungspflichtig.

Die Deutsche Rentenversicherung bietet zu diesem Thema Beratungstage an, bei denen Fachleute aus dem In- und Ausland zu Wort kommen. Zudem gibt es darüber Internetseiten.

Die Sozialversicherungen sind in den Niederlanden in die Volks- und die Arbeitnehmerversicherungen eingeteilt. Ab dem 15. Lebensjahr ist man als Einwohner der Niederlande in der Volksversicherung automatisch pflichtversichert. Daraus erhält man auch nach dem Allgemeinen Altersgesetz (AWO, Arbeidsmarkt, Werkgelegenheid en Opleiding) eine Altersrente bei Erreichen der gesetzlichen Altersgrenze von 65 Jahren. Sie bildet damit eine Art Grundversorgung und die Basis für ergänzende Versicherungen.

Beim Aufnehmen einer Beschäftigung geschieht die Anmeldung zur Sozialversicherung durch den Arbeitgeber. Die Beiträge werden durch den Arbeitgeber vom Lohn einbehalten und an die zuständigen Stellen überwiesen. Selbstständige müssen sich dafür an das Finanzamt wenden.

Die Sozialversicherung bietet im Falle besonderer Krankheit, im Alter und beim Tod eines Familienangehörigen entsprechende Versicherungsleistungen.

Eine Witwer- bzw. Witwenrente kann beim Tod eines Ehegatten oder Partners eines gemeinsamen Haushalts beziehen, wer noch nicht 65 Jahre alt ist und wessen Partner zum Zeitpunkt des Todes in der niederländischen Hinterbliebenenrentenversicherung versichert war. Weitere Einzelheiten hierzu sowie Besonderheiten für Geschiedene sind ebenfalls auf der Website der Deutschen Rentenversicherung nachzulesen.

2.4 Schritte beim Start eines eigenen Unternehmens

Möchten Sie in den Niederlanden ein eigenes Unternehmen starten, so werden sie darin von der Netherlands Foreign Investment Agency (NIFA) unterstützt, die unentgeltlich praktische Unterstützung und ausführliche Hintergrundinformationen zur Verfügung stellt. Der deutsche Sitz der NIFA befindet sich in Stuttgart.

Ebenso gibt die europäische Organisation EURES auf ihrer Website ausführliche Informationen zum Aufsetzen eines Unternehmens.

Was sie vor allem beachten müssen, ist unabhängig von der Branche des Betriebs eine Eintragung in das Register der „Kamer van Koophandel" (Handelsregister). Auf jeden Fall ist dabei ein gültiger Personalausweis oder Pass vorzulegen. Andere erforderliche Unterlagen hängen von der Art des zu startenden Unternehmens ab und sind der Website der Handelskammer zu entnehmen bzw. telefonisch zu erfragen. Der Handelsregisterauszug, den sie nach der Registrierung erhalten, wird vom Finanzamt und meistens auch von den Banken zur Vorlage verlangt.

Viele Schritte werden durch eine EU-Erklärung erleichtert, die bescheinigt, dass ein in einem EU-Land erlerntes Gewerbe im Prinzip in jedem anderen EU-Mitgliedsstaat ausgeübt werden kann. Informationen hierzu sowie über das Ausstellen der Bescheinigung bietet die Handelskammer (Kamer van Koophandel) in Rotterdam.

Zur Wahl des richtigen Standorts eines Unternehmens bietet die Ontwikkelingsmaatschapij voor Oost-Nederland (Oost N. V.) Hilfe.

Eine Broschüre über die Marktzugangsvoraussetzungen in den Niederlanden können sie bei der Kreishandwerkerschaft Borken kostenlos bestellen.

2.5 Kinderbetreuung

In einer kürzlich durchgeführten UNICEF-Studie schneiden die Niederlande als das Land ab, in dem es den Kindern weltweit am besten geht.

Am 1. Januar 2005 trat ein Gesetz über Kinderbetreuung in Kraft, das den Eltern größere Freiheit in der Kombination von Beruf und Familie gibt. Darin wird festgelegt, dass das Ministerium für Erziehung, Kultur und Wissenschaft (OCW, Ministerie van Onderwijs, Cultuur en Wetenschappen) für genug qualifizierte Kinderbetreuungsmöglichkeiten zu sorgen hat. Die Verantwortlichkeit für die Kinderbetreuung liegt laut Gesetz nicht allein bei den Eltern, sondern auch beim Arbeitgeber und der Regierung. Seit dem Schuljahr 2007/2008 sind Schulen verpflichtet, nach dem Unterricht eine Auffangmöglichkeit für Kinder zu regeln, sofern das gewünscht wird.

Es gibt in den Niederlanden ca. 1.800 Kinderbetreuungsorganisationen mit ca. 5.000 Einrichtungen.

Tagesbetreuung, Kinderhorte im Anschluss an die Schule (naschoolse opvang), Gasteltern und Kitas, wo Eltern abwechselnd selbst die Betreuung übernehmen, sind nur einige Möglichkeiten der großen Auswahl. Die Preise pro Stunde und Kind liegen bei ca. 6 Euro, wobei der Arbeitgeber bzw. die Gemeinde abhängig vom Einkommen einen Zuschuss zahlt. Detaillierte Informationen darüber sind den unten stehenden Websites zu entnehmen.

Für expats (Einwanderer) gibt es auch englischsprachige Kitas. Außerdem kann man über zahlreiche Organisationen Kontakt zu ausgebildeten Erzieher/innen und Au Pairs bekommen.

2.6 Adressen

Anerkennung von Zeugnissen, akademischen Graden und Abschlüssen
www.bibb.de
http://ec.europa.eu/youeurope
www.enicnaric.net
www.europass-info.de
www.kmk.org

Job-Onlinebörsen
www.adamsrecruit.nl
www.askijm.nl
www.backinjob.nl
www.berufsstart.de
www.dutchisnotrequired.nl
www.eures.europa.eu
www.internetvac.nl
www.jobstoday.nl
www.jobtrack.nl
www.justlanded.com
www.stepstone.nl
http://vacaturekrant.nl

Kinderbetreuung
www.aupair.nl
www.boink.info.nl
www.gastouderservice.nl
www.gob-nederland.nl

www.gouvernante.nl
http://home.szw.nl
www.infokinderopvang.nl
www.mik-online.nl
www.nanny.nl
www.youthpolicy.nl

Lohn und Gewerkschaften
www.cpb.nl
www.cbs.nl
www.cwinet.nl
www.eu-employment-observatory.net
www.fnv.nl
www.overheid.nl
www.ser.nl
www.stvda.nl
www.szw.nl
www.vno-ncw.nl

Soziale Sicherheit, Arbeitsbedingungen, Unternehmensgründung
www.arbeitsagentur.de
www.auswanderungswesen.de
www.ba-auslandsvermittlung.de
www.dnhk.org
http://ec.europa.eu
www.grenzpendler.nrw.de
www.hollandtrade.com
www.kh-borken.de
www.nbso-stuttgart.de
www.nfia.nl
www.niederlandeweb.de
www.werk.nl

3. Leben in den Niederlanden

3.1 Wohnungssuche

Wer vorhat, sich ein Haus oder eine Wohnung in den Niederlanden zu kaufen oder zu mieten, sollte das früh genug tun, möglichst schon vor der Einreise, denn da die Niederlande klein und dicht besiedelt sind, wirkt sich das auch auf den Wohnungsmarkt aus – Häuser sind in den Städten ziemlich teuer, und Mietwohnungen sind nicht allein teuer, sondern auch knapp.

Es empfiehlt sich auch, bevor man sucht, die Stadt etwas kennen zu lernen, damit man weiß, in welcher Gegend man gerne wohnen möchte. In Den Haag z. B. grenzen bürgerliche Wohngegenden an Nachbarschaften, die multikulturell bewohnt und sozial oft sehr spannungsreich sind. Ähnliches gilt auch für Rotterdam, obwohl der Übergang dort nicht so krass ist wie in Den Haag. In Amsterdam gibt es wie in Paris verschiedene Viertel, die eine ganz bestimmte Prägung haben, z. B. das Viertel der Nachtclubs, der Studenten und Künstler etc.

Auch die Verkehrsverbindung spielt natürlich bei der Wohnungssuche eine Rolle.

Viele preiswerte Häuser und Wohnungen werden gar nicht offiziell bekannt gemacht, sondern unter der Hand vergeben. Wer also Kontakte in den Niederlanden hat, sollte probieren, diese als Netzwerk zu gebrauchen. Auch gibt es Mailinglisten, in die man sich eintragen kann und durch die man dann Angebote bekommt, die nicht in Zeitungen erscheinen.

Kleinanzeigen in Zeitungen und Zeitschriften und speziellen Anzeigen- Zeitungen (z. B. via via) können ebenso hilfreich sein. Meist sind die guten Angebote jedoch schon innerhalb von Stunden vergeben, dort muss man also sehr schnell reagieren.

Auch in beinahe allen Supermärkten hängen Annoncen aus. Es ist empfehlenswert, sich auch dort zu orientieren.

Dann gibt es natürlich auch die Möglichkeit, übers Internet zu suchen (einige Websites sind unten aufgeführt), sowie den herkömmlichen Weg über Makler, die in den Niederlanden einen guten Ruf haben; es sollte jedoch darauf geachtet werden, dass sie im Register der Immobilienschätzer (NRVT) eingetragen sind. Die Deutsch-Niederländische Handelskammer in Den Haag verfügt über Adressen von vertrauenswürdigen Maklern.

Sind Häuser oder Wohnungen zu kaufen, werden wie in England und den Vereinigten Staaten vor dem Haus große Schilder aufgestellt, die mit „te koop“ oder „te huur“ auf das Objekt hinweisen.

3.2 Schritte beim Unterzeichnen eines Mietvertrags

Falls Sie eine interessante Wohnung oder ein Haus gefunden haben, sollten Sie so schnell wie möglich einen Besichtigungstermin mit dem Vermieter absprechen, denn mit jeder Stunde steigt die Wahrscheinlichkeit, dass die Wohnung schon vergeben wurde. Informieren Sie sich vor Ort über die Situation bei Tag und bei Nacht. Manche Viertel erwachen erst nachts zu ungeahntem Leben.

Wenn Ihre Finanzierung klar geregelt ist, wird Ihre Chance, die Wohnung zu bekommen, unter mehreren Anwärtern größer sein. Kommen Sie pünktlich zur Besichtigung.

Nach der niederländischen Gesetzgebung kann eine Wohnung innerhalb eines Monats gekündigt werden, sofern dies nicht anders im Mietvertrag steht. Dies gilt auch für einjährige Mietverträge. Mieter genießen in den Niederlanden einen hohen Schutz, weshalb viele Vermieter zusätzliche Garantien verlangen. So muss meistens eine Kopie der Gehaltsabrechnung vorgelegt werden, bei Studenten eine Immatrikulationsbescheinigung und der Nachweis über ausreichende finanzielle Mittel.

Die übliche Höhe der Kaution beträgt eine, höchstens zwei Monatsmieten.

Falls die Wohnung möbliert ist, rät es sich an, das Vorhandensein und das Funktionieren der Geräte vor dem Unterzeichnen des Vertrags zu überprüfen. Es ist auch sinnvoll festzustellen, welche Nebenkosten in der Miete enthalten sind, da Wasser-, Gas- und Stromkosten nicht gerade billig sind.

Liegt, was nicht häufig vorkommt, die Miete zwischen 162,45 und 541,36 Euro, kann ein staatlicher Mietzuschuss beantragt werden. Die Erteilung ist von verschiedenen Kriterien wie Einkommen, Familienstand etc. abhängig. Informationen dazu erteilen das Ministerium für Finanzen auf den unten angegebenen Websites sowie bestimmte Mietervereinigungen (huurcommissies) unter den unten aufgeführten Telefonnummern.

3.3 Schritte beim Kauf eines Hauses oder einer Wohnung

Es gibt in den Niederlanden keine Beschränkung beim Kauf eines Hauses oder einer Eigentumswohnung. Die Immobilienpreise sind in den letzten Jahren enorm gestiegen, es gibt jedoch große Unterschiede im Preis je nach Lage des zu kaufenden Objekts. In der Stadt ist der Preis mindestens doppelt so hoch wie auf dem Land.

In der Regel wird zwischen Käufer und Verkäufer zunächst ein bereits bindender Vorvertrag geschlossen (koopovereenkomst). Mit ihm kann eine Eintragung ins Grundbuch (Kadaster) vorgenommen werden, mit der ein Verkauf an Dritte für die Dauer von sechs Monaten unmöglich gemacht wird. Der Käufer kann innerhalb von drei Tagen von diesem Vorvertrag zurücktreten. Nach der Prüfung des Vorvertrags durch einen Notar wird der Käufer als Eigentümer ins Grundbuch eingetragen.

An Gebühren müssen neben den Notarkosten die Katasterregistrierung des Immobilienkaufvertrags und die Registerkosten bezahlt werden sowie an Steuern die overdrachtsbelasting von 6 % des Kaufpreises. Wenn Sie als erster Bewohner einen Neubau kaufen, zahlen sie nur die Mehrwertsteuer.

Neben niederländischen Kreditinstituten helfen auch deutsche Institute bei der Finanzierung und Objektbewertung. Es erfolgt erst eine Beleihungsprüfung, danach erstellt der Kreditgeber das Bewilligungsschreiben und den Kreditvertrag. Neben der grundsätzlichen Kreditentscheidung haben sie folgende Objektunterlagen für die Bewilligung eines Kredits vorzulegen: Vorvertrag, Objektschätzung (taxatierapport), notarieller Kaufvertrag und Katasterauszug, evtl. Bauvertrag (mit Baukostenaufstellung, Bauzeichnungen, Kubusberechnung, Lageplan und Fotos), Anschrift des Notars, der den Kaufvertrag und/oder die Hypothekenbestellung abwickeln soll, Feuerversicherungsnachweis, Zusatzerklärungen bezüglich grenzüberschreitender Finanzierungen.

Wie im Kreditvertrag vermerkt nimmt der Kreditgeber mit dem niederländischen Notar für die Hypothekenbestellung Kontakt auf. Evtl. erhält der Notar auch die Kaufsumme. Der Kreditgeber überwacht den Treuhandauftrag. Mit der notarisverklaring erklärt der Notar, dass die Hypothek rangrichtig eingetragen wird. Das Kreditinstitut wird einige Wochen später durch das Hypothekenbüro darüber informiert.

3.4 Adressen

Baumärkte

www.hubo.nl
www.praxis.nl

Immobilienportale für Häuser und Wohnungen

www.directwonen.nl
www.expatica.com/housing

www.funda.nl
http://groups.yahoo.com/group/amsterdam-housing
www.holland-home.nl
www.huislijn.nl
www.huistekoop.nl
www.lmv.nl
www.makelaars.net
www.nvm.nl
www.woningtransfer.nl
www.xpatrentals.com

Kauf oder Miete eines Hauses oder einer Wohnung
www.consumentenbond.nl
www.douane.nl
www.eigenhuis.nl
www.hypotheker.nl
www.hypotheekshop.nl
www.minfin.nl
www.notaris.nl
http://nrvt.taxatie-tarieven.nl
www.postbus51.nl (Informationen Huurcommissie)

TIPP: Die Miethöhe können Sie kontrollieren, indem Sie sich an eine sogenannte huurcommissie (Mietkommission) wenden. Informieren Sie sich auf der Webseite des Ministeriums für Wohnungswesen, Raumordnung und Umwelt (VROM, Ministerie van Volkshuisvesting, Ruimtelijke, Ordening en Milieubeheer) www.vrom.nl.

Möbelverleih
IN-LeaseNederland BV
De Lairessestraat 96 IL
1071 PJ Amsterdam
Telefon: 020-470 59 40
www.in-lease.com

4. Gesundheitssystem

4.1 Die Rolle des Hausarztes

Der Hausarzt spielt in den Niederlanden eine zentrale Rolle. Er bietet die medizinische Grundversorgung, auch auf den Gebieten der Frauen- und Kinderheilkunde, und entscheidet, ob eine Überweisung an einen Spezialisten notwendig ist. Ein Patient kann also nur mit einer Überweisung vom Hausarzt einen Spezialisten aufsuchen. Dieser befasst sich hauptsächlich mit komplizierter Diagnostik und schwereren Erkrankungen; alles andere übernimmt der Hausarzt, der dafür auch umfassend ausgebildet wird.

Der Vorteil dieses Systems ist ein besseres Bekanntwerden und größeres Vertrauen zwischen Patient und Hausarzt. Dieser hat dadurch eine engere Anbindung an den Patienten und kennt dessen Geschichte und soziales Umfeld viel besser, was der Diagnose in vielen Fällen dienlich ist. Diese enge Beziehung bildet auch die Basis dafür, dass in den Niederlanden viel mehr Menschen als woanders in Europa ihre Kinder zu Hause zur Welt bringen und auch zu Hause sterben. Sie werden dabei von ihrem Hausarzt begleitet, der auch regelmäßig Hausbesuche durchführt. Meine Hausärztin z. B. kam nach der Geburt meiner Kinder einfach vorbei, als sie gerade in meiner Nachbarschaft war, so wie man eine gute Bekannte besucht.

Hausärzte sind also immer als niedergelassene Ärzte tätig, entweder allein oder in einer Gemeinschaftspraxis, manchmal mit Anbindung an einen Physiotherapeuten und/oder Psychologen. Sie sind innerhalb eines geografischen Gebiets tätig und regeln mit ihren Kollegen innerhalb dieses Gebiets auch den Notarztdienst, wodurch auch das Notarztsystem weniger anonym wird.

Ein Zahnarzt kann ohne Überweisung durch einen Hausarzt aufgesucht werden.

4.2 Spezialisten

Fachärzte sind in den Niederlanden fast immer in einem Krankenhaus angesiedelt und wenn nicht, so wenigstens als behandelnde Ärzte mit einem Krankenhaus verbunden. Die ambulante Versorgung findet dann in der Poliklinik statt und die stationäre Behandlung im selben Krankenhaus durch denselben Arzt. Auch hier stehen die Kommunikation und das Vertrauen zwischen Arzt und Patient durch dieses System wieder im Vordergrund, und es ist gewährleistet, dass wichtige Daten und Informationen nicht verloren gehen oder anders interpretiert werden. Außerdem bietet dies den Vorteil, dass wichtige Untersuchungen schnell und vor Ort ausgeführt werden können.

Fachärzte arbeiten entweder als Angestellte des Krankenhauses oder in einer Gemeinschaft von Fachärzten, die gegen eine Pauschale dem Krankenhaus ihre Dienste anbieten. (Dies ist vor allem für diejenigen interessant, die ärztlich in den Niederlanden tätig werden wollen.)

4.3 Krankenhäuser

In schweren Notfällen erfolgt die medizinische Versorgung direkt über die Notfallambulanz durch ein Krankenhaus – ohne Vermittlung des Hausarztes. Dort wird nach den entsprechenden Maßnahmen auch entschieden, ob der Patient stationär aufgenommen oder in die weitere Behandlung des Hausarztes entlassen wird.

Die medizinische Versorgung während einer stationären Aufnahme erfolgt durch den Facharzt, den Assistenten und Co-Assistenten (der noch in der Ausbildung steht). Der Co-Assistent wird durch den Assistenten überprüft, der, wenn man Glück hat, ausreichend Erfahrung hat, dieser durch den Facharzt. Im Allgemeinen ist ständig ein Facharzt präsent, er wird nur nicht immer vom behandelnden Assistenten zu Rate gezogen. Auch hier gilt es wie in Deutschland, ein mündiger Patient zu sein, wenn man das Gefühl hat, nicht richtig behandelt zu werden, und den Rat des Facharztes zu verlangen. Ich habe persönlich noch nie schlechte Erfahrungen in Krankenhäusern gemacht. Die Hilfe war stets schnell und kundig.

Der Komfort, wenn man stationär aufgenommen wird, hängt von der Belegung der Abteilung und vom Schweregrad der Erkrankung ab. Mit Glück findet man sich in einem Einzelzimmer mit Blick in die Natur wieder, ein Recht hat man darauf jedoch nicht. Es kann auch sein, dass man in einen Saal mit acht Personen, Männern sowie Frauen (!), kommt, die nur durch Vorhänge voneinander getrennt sind. Im Allgemeinen bleibt die Zuteilung des Zimmers nach Belegungsdruck und Schweregrad der Erkrankung dem Einfühlungsvermögen des Pflegepersonals überlassen. Auch hier gilt es, sich selbst, sofern man das kann, bemerkbar zu machen.

Ein Problem der medizinischen Versorgung in den Niederlanden ist, dass durch die hohe Bevölkerungszahl zu wenig Plätze für spezifische Therapien oder Diagnostik zur Verfügung stehen. Dadurch können die Wartezeiten sehr lang werden, und viele Patienten suchen dann in ihrer Not Hilfe im Ausland, vor allem im angrenzenden Deutschland.

4.4 Schwangerschaftsbegleitung

Die Niederländer lieben Kinder und bieten deshalb einer schwangeren Frau und ihrem Partner eine Vielzahl von Angeboten, damit sie in die Rolle als Eltern hineinwachsen. Unter normalen Umständen wird eine Schwangerschaft durch den Hausarzt und eine Hebamme begleitet; wenn man sich sicherer dadurch fühlt, kann man auch durch einen Gynäkologen begleitet werden. Verschiedene medizinische Indikationen verlangen das sowieso.

Pränatale Untersuchungen können, sofern man das will, ambulant in einer gynäkologischen Abteilung durchgeführt werden. Dies geschieht nach Überlegung mit der Hebamme und dem Hausarzt oder dem Gynäkologen. Die Intuition und der Wille der zukünftigen Mutter werden hier wie vielleicht in keinem anderen Land in Europa berücksichtigt und ernst genommen. Eine enorme Auswahl an Schwangerschaftskursen, in denen man alles über die Geburt bis zur Versorgung des Babys im ersten Lebensjahr lernt, esoterische Kurse, Yoga und Gymnastikunterricht helfen, den Weg in die Mutterrolle zu finden. Die Tatsache, dass die Niederlande das Land in Europa mit der geringsten Säuglingssterblichkeit sind, ist vielleicht diesem breiten Angebot zu verdanken.

Mit Schmerzmitteln sind die Niederländer sehr zurückhaltend. Wer sie unbedingt wünscht, kann sie erhalten; es wird jedoch dazu geraten, die Geburt ohne Medikamente durchzustehen. Für das Kind ist das meist auch besser. Bei einem Kaiserschnitt gelten natürlich andere Gesetze. Bleibt Zeit, wird auch hier die Periduralanästhesie der Vollnarkose vorgezogen.

Die meisten niederländischen Frauen wählen die Hausgeburt. Auch wer ohne Komplikationen im Krankenhaus entbindet, kann, wenn er möchte, noch am selben Tag wieder nach Hause gehen. Auch hier wird die häusliche Situation berücksichtigt. Wer kleine Kinder hat und lieber Ruhe wünscht, darf noch einen Tag länger bleiben.

Arbeitenden Müttern wird 16 Wochen bezahlter zwangerschapsverlof gewährt. Meistens wird dieser vier bis sechs Wochen vor der Geburt begonnen – auch das hängt vom Willen der Mutter und der individuellen Situation zu Hause und am Arbeitsplatz ab. Auch Väter dürfen am Tag der Geburt und zwei Tage danach bezahlt der Arbeit fernbleiben.

Während der Schwangerschaft ist es üblich, sich in eine Heimpflegeorganisation einzuschreiben; man erhält dann nach der Geburt eine Kinderkrankenschwester, die zu Hause eine Woche lang bei der Versorgung des Babys und den Haushaltspflichten hilft. Auf diese Organisation (Thuiszorg) werde ich noch im folgenden Unterabschnitt dieses Kapitels näher eingehen und ebenso auf das consultatiebureau, das die Entwicklung des Kindes bis zum ca. zwölften Lebensjahr begleitet.

4.5 Medizinische Organisationen

Von den medizinischen Organisationen sind besonders die thuiszorg und das consultatiebureau zu erwähnen. Thuiszorg liefert Versorgung und Pflege zu Hause. Seit dem 1. Januar 2007 ist im Gesetz Wet Maatschappelijke Ondersteuning (WMO) festgelegt, wie sowohl die Bezahlung geregelt wird und wer dafür verantwortlich ist. In der Zeit nach der Geburt, bei schweren Krankheitsfällen und im Alter bietet die thuiszorg spezialisierte Pflege.

Das consultatiebureau ist eine Institution der Jugendgesundheitsbehörde, die durch die Gemeinde bezahlt wird. Es bietet die medizinische Basisversorgung bei allen Kindern zwischen null und vier Jahren sowie regelmäßige Gesundheitskontrollen und Impfungen, später übernommen durch den Jugend- oder Schularzt des Gesundheitsamts bis zum Alter von ca. zehn Jahren. Eine lückenlose gesundheitliche Kontrolle, die sowohl die körperliche als auch die seelische Entwicklung des Kindes beachtet, ist damit gewährleistet. In Fällen schwieriger sozialer Verhältnisse werden vom consultatiebureau evtl. auch Hausbesuche durchgeführt.

Bei der Geburt erhält jede Mutter ein Büchlein für ihr Kind, in das vom consultatiebureau die wichtigsten Daten eingetragen werden.

Andere wichtige Gruppierungen sind z. B. „Tactus“, eine der größten professionellen Organisationen, die sich um die Gründung von Selbsthilfegruppen für süchtige Menschen kümmert. Obwohl die Drogenpolitik in den Niederlanden recht liberal ist und sogenannte weiche Drogen in jedem coffeeshop (das sind keine üblichen Cafés!) zu kaufen sind, weist die Statistik der letzten Jahre aus, dass die Zahlen der Drogentoten oder der Drogenkriminalität nicht höher sind als in anderen Ländern.

Bei psychischen Beschwerden und Suchtproblemen jeglicher Art bietet auch die Organisation „Parnassia“ Hilfe, die sogar Online-Behandlungen bei Süchtigen, die anonym bleiben wollen, durchführt.

4.6 Schwangerschaftsabbruch

Abortus ist in den Niederlanden erlaubt bis zu dem Moment, in dem ein Fötus außerhalb des Körpers der Mutter lebensfähig ist, d. h. bis zur 24. Schwangerschaftswoche. Um sicher zu sein, führen Ärzte meistens nach der 22. Woche keinen Abortus mehr durch.

Es gibt 16 Abortuskliniken in den Niederlanden. Allein sie sind befugt, den Schwangerschaftsabbruch durchzuführen.

Eine Frau beschließt selbst, wann sie sich zu diesem Schritt gezwungen fühlt.

Das Abbrechen der Schwangerschaft ist in einem entsprechenden Gesetz geregelt (wet afbreken zwangerschap, waz).

4.7 Sterbehilfe

Über die Sterbehilfe in den Niederlanden ist in Deutschland (teils empört) viel geschrieben und diskutiert worden. Die Niederlande sind das erste Land der Welt, das das Recht auf aktive Euthanasie seit dem 1. April 2002 legalisiert hat. Jeder Arzt, der dem Wunsch eines Patienten auf Tötung entspricht, wird juristisch und moralisch freigesprochen. Er kann jedoch die Tötung ablehnen, wenn er selbst ethische Bedenken hat.

Für die Euthanasie müssen bestimmte Kriterien erfüllt sein: Der Sterbewillige muss älter als 18 Jahre alt sein, darf geistig nicht behindert sein und muss seinen Wunsch zu sterben deutlich vor Zeugen aussprechen. Sein Leiden muss unerträglich sein mit keinerlei Aussicht auf Veränderung des Zustands. Der Hausarzt muss sich davon überzeugt haben, dass der Sterbewunsch des Patienten reiflich überlegt ist und aus freiem Willen heraus geschieht. Ein zweiter, unabhängiger Arzt muss zu einer „second opinion“ zu Rate gezogen werden, und der Fall muss einer Untersuchungskommission vorgelegt werden.

Eine auch in den Niederlanden diskutierte Variante hiervon ist, dass auch neugeborene, unheilbar kranke Kinder in Übereinstimmung mit den Eltern und dem behandelnden Arzt Sterbehilfe bekommen können.

4.8 Apotheken und Drugstores

Neben den Apotheken, die eine Vielzahl von Medikamenten führen und bei denen man Rezepte einlösen kann, gibt es in den Niederlanden beinahe an jeder Ecke eine Drogerie (drugstore) sowie Reformhäuser, die ebenfalls nicht verschreibungspflichtige Medikamente, Vitamine und enorme Mengen von alternativen Heilmitteln verkaufen.

4.9 Krankenversicherung

Seit dem 1. Januar 2006 gilt in den Niederlanden ein neues Krankenversicherungssystem, die zorgverzekering oder basisverzekering. Die Versicherungspflichtigen, d. h. alle Einwohner der Niederlande, sind verpflichtet, sich zu versichern, und die Versicherungen dürfen niemandem eine Basisversicherung verweigern. Der Unterschied zwischen gesetzlicher und privater Krankenversicherung wurde aufgehoben, ebenso eine besondere Regelung für Beamte.

Für jede Art von Police besteht nur ein einziges Beitragsniveau. Alter, Gesundheitszustand etc. spielen dabei keine Rolle mehr.

Zum Pauschalbetrag, der vom Versicherer festgelegt wird und den Jugendliche bis zum 18. Lebensjahr nicht bezahlen müssen, kommt ein einkommensabhängiger Versicherungsbeitrag. Arbeitgeber müssen diesen Betrag den Arbeitnehmern erstatten. Die Steuerbehörde ist für die Einziehung der Beträge in den Krankenversicherungsfonds zuständig. Für Minderjährige zahlt der Staat die Beträge in den Fonds ein.

Zusätzlich besteht eine Risikoausgleichsregelung, um dem Versicherer finanzielle Krisen zu ersparen. Ab 2008 wird ein Eigenrisikobetrag eingeführt: Hat man in einem Kalenderjahr keine oder nur wenige Leistungen in Anspruch genommen, hat man Anrecht auf Beitragsrückzahlung.

Nähere Details sind den unten aufgeführten Websites zu entnehmen.

4.10 Adressen

Abtreibung
www.abortus.startpagina.nl
abortusvraag@nqva.net (Nederlandse Genootschap van Abortusartsen)
www.stisan.nl

Aids und Drogen
www.aidsfonds.nl
www.minbuza.nl
Aids-Information: Telefon 0900-204 20 40

Allgemeinmediziner/Hausärzte
www.huisartsen.nl
www.huisartsen.startpagina.nl
www.independer.nl

Euthanasie
www.minbuza.nl
www.nvve.nl

Homosexuelle Clubs und Vereinigungen
http://lesbisch-startpagina.nl
www.theagenda.nl/agenda-Gay-Nederland-0-54-0.html

Impfungen und consultatiebureaus sowie häusliche Pflege
www.onlineconsultatiebureau.nl
www.rivm.nl
www.thuiszorg.nl

Krankenhäuser, psychiatrische Einrichtungen und andere medizinische Institutionen
Notfallnummer: 112
www.thesauruszorgenwelzijn.nl
www.parnassia.nl

Anonyme Alkoholiker	Telefon: 020-610 46 56
Vereniging Gehandicaptenzorg Nederland	Telefon: 030-273 93 00
Zahnärztliche Vereinigung	Telefon: 030-607 62 76

Schwangerschaft & Co.
www.lll.borstvoeding.nl
www.babycenter.com
www.hotmamas.nl
www.prenatal.nl
www.samenbevallen.nl
www.thebabynet.com
www.yoga-nl.nu/zwanger
www.zwangerschapsyoga.com

5. Geldangelegenheiten und Rechtliches

5.1 Bankwesen

Am 1. Januar 2002 wurde in den Niederlanden der Euro als Währung eingeführt. Der Wechselkurs wird täglich festgelegt und ist in den Banken und Wechselstuben ausgehängt.

Die wichtigsten Banken sind ABN AMRO Bank, Fortisbank, ING und Rabobank. Auch in den Postämtern kann Geld gewechselt werden sowie in den Wechselstuben (GWK, geldwisselkantoren).

Mastercard, American Express, Diners Club und Visa Card werden bei den meisten Banken und fast allen Restaurants akzeptiert. Um mit PIN oder Geldkarte (ec-Karte mit goldenem Chip) zu bezahlen, benötigt man ein niederländisches Bankkonto. Die Bank verlangt dafür den Pass, die bereits erwähnte Bürgerservicenummer und meistens auch den Nachweis eines regelmäßigen Einkommens. Dasselbe gilt für ein Konto bei der Post. Die Formalitäten sind wie fast in allen Angelegenheiten in den Niederlanden ziemlich schnell abgewickelt, und schon nach einigen Tagen kann man über sein neues Konto verfügen. Für Studenten ist das Einrichten eines Kontos bei den meisten Banken sehr billig oder gar kostenlos. Die entsprechenden Websites geben darüber aktuelle Informationen.

Möchte man einen Kredit aufnehmen, so wird über das BKR (bureau kredietregistratie), ein Büro für Kreditregistrierung, nachgeforscht, ob man kreditwürdig ist.

Alle Banken bieten Internetbanking, electronic banking sowie mobile banking an. Die Einzelheiten darüber entnehme man den Websites der entsprechenden Bankinstitute.

5.2 Steuern

Das niederländische Steuersystem wurde 2001 aufgeteilt in sogenannte Boxen aus Einkommen aus Arbeit und Wohneigentum, aus steuerlich relevanter Firmenbeteiligung und aus Sparguthaben und Anlagen. Die unterschiedlichen Boxen können getrennt besteuert werden.
Außerdem sind viele Artikel wie Alkohol, Autos, Benzin, Lotteriepreise etc. steuerlich belastet. Vermögensteuer und Gewerbesteuer bestehen in den Niederlanden nicht.

Die Mehrwertsteuer liegt bei 19 %; für bestimmte Artikel wie Lebensmittel, Medikamente, Artikel für Behinderte, Bücher, Zeitschriften etc. gilt ein reduzierter Steuersatz von 6 %.

Erbschaft- und Schenkungsteuer hängen ab von der Nähe des Verwandtschaftsgrads zwischen den Parteien und variiert zwischen 5 und 68 %. Für exportierte Güter und Dienstleistungen wird keine Mehrwertsteuer erhoben.

In einem Doppelbesteuerungsabkommen zwischen Deutschland und den Niederlanden ist festgelegt, in welchem Land Grenzpendler je nach Steuerart steuerpflichtig sind.

Die unten angegebene Organisation EUREGIO organisiert jeden dritten Dienstag im Monat Treffen, bei denen der niederländische belastingdienst und das deutsche Finanzamt zusammen ihre Beratung anbieten.

Ausführliche Informationen zum niederländischen Steuersystem bieten der niederländische belastingdienst und das Ministerium für Finanzen auf ihren Websites.

5.3 30-%-Regelung für Expats

Ausländische Fachkräfte können unter bestimmten Bedingungen, so erlaubt es das niederländische Lohnsteuergesetz, einen Antrag auf einen günstigen Einkommensteuersatz stellen, die so genannte 30-%-Regel. Diese vermindert das volle Einkommen in den Niederlanden auf 70 % steuerlich zu belastendes Einkommen, wodurch die restlichen 30 % ohne Steuerbelastung erstattet werden können.

Die am Ende des Kapitels 5 angegebenen Websites bieten Auskunft darüber, welche Kriterien erfüllt werden müssen, um in den Genuss dieser Regelung zu kommen.

5.4 Aufenthaltsgenehmigung

Als EU-Bürger ist man nicht verpflichtet, sich so wie andere Ausländer innerhalb von drei Tagen nach der Einreise in die Niederlande bei der Gemeinde, in der man sich aufhält, zu melden. Wenn man länger als drei Monate in den Niederlanden bleiben möchte, braucht man zunächst die Erlaubnis für einen vorübergehenden Aufenthalt, die vor Reiseantritt beim niederländischen Konsulat im Heimatland beantragt werden kann (MVV, Machtiging tot Voorlopig Verblijf). EU-Bürger und Bürger von Australien, Island, Japan, Kanada, Monaco, Neuseeland, Norwegen, aus der Schweiz, den USA und des Vatikanstaats sind von dieser Regelung ausgenommen.

Möchten Sie Ihren Wohnsitz in die Niederlande verlegen, brauchen Sie in jedem Fall eine Aufenthaltsgenehmigung. Hierfür sind ein gültiger Pass, der Nachweis über eigenes Einkommen, Nachweis einer Krankenversicherung und zwei Passfotos nötig. Der „Immigratie- en Naturalisatiedienst" (IND) bietet darüber detaillierte Informationen.

Hinweise zur Arbeitsgenehmigung wurden bereits im Kapitel „Arbeiten in den Niederlanden" gegeben.

5.5 Eheschließung

Eine Eheschließung kann in den Niederlanden durchgeführt werden, wenn einer der Partner die niederländische Staatsangehörigkeit besitzt oder wenn beide schon länger als sechs Monate in den Niederlanden als wohnhaft gemeldet sind.

Seit April 2001 ist auch die Eheschließung gleichgeschlechtlicher Partner möglich.

Personen ohne niederländische Nationalität müssen vor der Heirat mit der Gemeinde Den Haag, Abteilung burgerzaken, Kontakt aufnehmen.

5.6 Scheidung

In allen Fällen muss ein niederländischer Rechtsanwalt beauftragt werden, da nur er berechtigt ist, einen Scheidungsfall vor Gericht zu bringen.

Im niederländischen Recht gibt es nur einen einzigen Scheidungsgrund: dauerhafte Zerrüttung der Ehe.

Die Ehescheidung kann von beiden Eheleuten oder nur von einem der Ehepartner beantragt werden.

Nähere Einzelheiten sind den unten angegebenen Websites zu entnehmen.

5.7 Führerschein

Wer einen Führerschein nach EU-Modell besitzt, muss nach einem Umzug in die Niederlande innerhalb von zehn Jahren nach Ausstellungsdatum im Herkunftsland einen niederländischen Führerschein anfordern. Nicht-EU-Bürger müssen sich unmittelbar um einen niederländischen Führerschein kümmern.

Die Gemeinde, Abteilung burgerzaken, bzw. der Rijksdienst voor het Wegverkeer in Veendam geben hierüber Auskunft.

5.8 Adressen

Aufenthalts- und Arbeitsgenehmigung
www.immigratiedienst.nl
www.ind.nl
www.minbuza.nl
www.permitsfoundation.com

Bank- und Geldangelegenheiten
www.abnamro.com
www.dnb.nl
www.fortis.com
www.inggroup.nl
www.postbank.nl

Gemente Den Haag
Dienst Burgerzaken
Spui 70
2511 BT Den Haag
Telefon: 070-353 30 00
www.denhaag.nl
burgerzaken@dbz.denhaag.nl

KFZ und Führerschein
www.anwb.nl
www.cbt.nl
www.denhaag.nl
www.eucaris.net
www.kba.de
www.minvenw.nl
www.rdw.nl

Ministerie van Justitie
Immigratie an Naturalisatiedienst
Afdeling Communicatie
Postbus 30125
2900 GG Den Haag
Telefon: 070-370 31 24/31 44
Telefax: 070-370 31 34
www.justitie.nl

Rijkdienst voor het Wegverkeer
Europaweg 205
2700 AT Zoetermeer
Telefon: 0900-0739 oder 0598-39 33 30
Kantoor Veendam
Skager Rak 10
9640 RA Veendam
Telefon: 0900-0739 oder 0598-39 33 30

Rechtswesen; Anwälte/Notare
www.advocatenorde.nl
www.douane.nl
www.kinderbescherming.nl
www.rechtshulp.nl
www.rechtshulpnederland.nl
www.scheidingsbemiddeling.nl
Notarhilfetelefon: 0900 346 93 93

Steuer
www.belastingdienst.nl
www.belastingdienst.nl/buitenland
www.minfin.nl

Versicherungen
www.belastingdienst.nl
www.denieuwezorgverzekering.nl
www.deutsche-anwaltshotline.de
www.bdznijmegen.nl
www.kiesbeter.nl
www.minvws.nl
www.niederlandeweb.de
www.nuffic.nl
www.orangetax.nl
www.svb.nl
www.uwv.nl
www.verzekeraars.org

6. Öffentlicher Verkehr

6.1 Fahrrad

Das meist gebrauchte Verkehrsmittel in den Niederlanden ist das Fahrrad (Fiets). Wer „fietst“, ist König und benimmt sich zwar nicht immer königlich im Straßenverkehr, bekommt aber im Falle eines Unfalls fast immer Recht. Neben dem Freiheitsgefühl, welches das Fahrrad vermittelt, ist es energiesparend, stausicher und macht keine Parkplatzprobleme. Der echte Niederländer fährt bei jedem Wetter Fahrrad, ob es nun stürmt, schneit oder hagelt oder der Regen in seinen Kragen strömt. Vielleicht ist diese innere Haltung im Laufe der Jahrhunderte gewachsen, in denen die Menschen hier den Elementen Stand halten mussten.

In jeder Stadt gibt es eine Art Parkhäuser für Fahrräder, wo man sie für wenig Geld überwacht unterstellen kann.

Es gibt zwar immer wieder schreckliche Unfälle mit Fahrrädern, im Allgemeinen jedoch passen die Autofahrer sehr gut auf. Kinder müssen im Alter von ungefähr zehn Jahren in der Schule ein Verkehrsexamen mit dem Fahrrad ablegen, so etwas Ähnliches wie ein Fahrradführerschein mit theoretischem und praktischem Teil auf belebten Straßen, was den Eltern die Seelenruhe erleichtert, wenn die Kleinen alleine unterwegs sind.

Inzwischen kann man als Tourist auch in allen Städten Fahrräder mieten; es gibt sogar ganze Sightseeing-Tours per Fahrrad. Die wichtigsten Adressen sind unten aufgeführt.

6.2 Bus und Straßenbahn

Das Bus-, Straßenbahn- und teilweise Untergrundbahnnetz ist in den meisten Städten ziemlich gut, und man bekommt relativ schnell Anschluss. Der Bau von U-Bahnen bleibt beschränkt, weil es in dem sandigen Boden sehr schwierig ist, Tunnel zu bauen. Manchmal wird jahrelang mit stets wieder auftretenden Überschwemmungen der eben gebauten Strecken gekämpft.

Das gesamte Verkehrsnetz der Niederlande ist in Zonen aufgeteilt, so dass Fahrscheine (strippenkaart) im ganzen Land gültig sind. Inzwischen wurde auf bestimmten Strecken einer bestimmten Bahn zwischen Rotterdam und Den Haag (randstadrail) eine Chipkarte eingeführt, deren Code jedoch offensichtlich einfach zu knacken ist und die noch so viele andere Mängel aufweist, dass sie noch nicht im gesamten öffentlichen Verkehrsnetz als Fahrkarte eingeführt wurde.

6.3 Taxi

Taxis kann man telefonisch bestellen oder bei einem Taxistand. Alle Taxis haben Taxameter. Inzwischen gibt es auch kleine Motorrad- und Fahrradtaxis wie in den asiatischen Ländern. Sie sind billiger und besonders im Sommer sehr begehrt, da man das Gefühl hat, in einer Rikscha zu sitzen.

Meine persönliche Erfahrung mit Taxis ist schlecht. Erst einmal kommen sie meistens viel zu spät, manchmal mehr als eine halbe Stunde nach dem vereinbarten Termin. Außerdem sind sie ziemlich teuer und fahren ab und zu sehr seltsame Routen, die sich dann auf dem Taxameter bemerkbar machen. Einer Bekannten von mir wurde auch einmal der Transport am Bahnhof verweigert, weil die Strecke zu kurz war. Möglicherweise waren das Einzelfälle, doch haben sie zumindest bei mir zu einer gewissen Skepsis gegenüber den Taxiunternehmen beigetragen.

6.4 Greenwheels

Wenn man meistens mit dem Fahrrad, ab und zu mit dem Zug und hin und wieder mit dem Auto fahren möchte, kann man ein Abonnement für Greenwheels abschließen. In allen größeren Städten gibt es für dieses Carsharing reservierte Parkplätze. Wenn man ein Auto nötig hat, muss man es telefonisch kurz vorher für eine bestimmte Stelle reservieren. Es ist eine ziemlich ideale Lösung für umweltbewusst denkende Menschen, die nicht täglich auf ein Auto angewiesen sind.

6.5 Flugzeug

Der größte und bedeutendste internationale Flughafen in den Niederlanden ist der dicht bei Amsterdam liegende Flughafen Schiphol.

Daneben sind auch Rotterdam, Maastricht- Aachen und Eindhoven kleinere, wichtige Flughäfen. Es gibt jedoch auch noch eine Vielzahl von kleinen nationalen Flugplätzen.

Die Verkehrsverbindungen nach Schiphol mit S-Bahn und speziellen Bussen sind ausgezeichnet; auch zu den anderen Flughäfen gibt es gute Verbindungen. Genauere Auskünfte erteilt die Bahn und der Fremdenverkehrsverein.

6.6 Adressen

Straßenverkehr und Pannendienste

www.anwb.nl
www.duitsverkeersbureau.nl
www.rdw.nl
www.routemobiel.nl
www.vekabest.nl
www.wegenwacht.nl

Car Sharing, Fahrradverleih und öffentliche Verkehrsmittel

www.ertussenuit.com
www.fietsen.123.nl
www.fietsverhuur.com
www.Greenwheels.nl
www.minvenw.nl
www.ns.nl, (Züge, Informationen zu Preisen und Fahrplänen)
www.taxi.nl
www.tulipcycling.nl
www.verhuur.nl

Flughafen und Flüge

www.eindhovenairport.nl
www.hilton.com
www.klm.com
www.maa.nl
www.martinair.com
www.mercure.nl
www.rotterdam-airport.nl
www.schiphol.nl
www.transavia.com

7. Bildung

7.1 Bildungssystem

In den Niederlanden besteht Schulpflicht zwischen dem 5. und 16. Lebensjahr. Besucht das Kind keine Kita, so ist es üblich, es im Alter von zwei Jahren in einem peuterspeelzaal, entsprechend dem deutschen Kindergarten, anzumelden. Dort kann es zu Beginn dreimal pro Woche, später täglich zwischen 9 und 12 Uhr mit gleichaltrigen Kindern spielen, basteln, kochen und kleine Aufgaben lernen. Auch werden Ausflüge in nahe gelegene Wälder und Naturparks organisiert.

Mit vier Jahren kommt das Kind in die basisschool, die Grundschule, wo es zunächst jedoch die ersten zwei bis drei Jahre auch nur spielt und spielerisch an das Lernen herangeführt wird. Im Alter von sechs oder sieben Jahren, entsprechend dem individuellen kindlichen Entwicklungsstadium, beginnt das Kind in groep 3, der dritten Klasse, mit dem richtigen Lernen und erhält drei Mal pro Jahr ein Zeugnis (rapport), wovon das letzte über die Versetzung in die nächsthöhere Klasse entscheidet. Die Unterrichtsdauer ist etwa von 8.15 bis 14.30 Uhr; einige Schulen beginnen früher oder später, auf einigen wird in der Schule zu Mittag gegessen (Butterbrot), einige schicken die Kinder mittags nach Hause.

In der siebten Basisschulklasse wird der nationale entrée-toets abgenommen; ein orientierender Test, der die Fähigkeiten des Kindes überprüft, und im Jahr darauf der cito-toets – der Test, der entscheidet, auf welcher Stufe einer weiterführenden Schule der Schüler weiter studieren darf. Dieser Test ist sehr umstritten, da er so früh schon ziemlichen Leistungsdruck bedeutet und (nicht immer richtig) klassifiziert.

Schon in der 7. und 8. Basisschulklasse muss man sich selber informieren, welche weiterführende Schule man besuchen möchte. Manche Schulen verlangen einen bestimmten score im cito-toets als Aufnahmebedingung, vor allem Gymnasien.

Es gibt drei Formen der Sekundarbildung:

1. VWO (voorbereidend wetenschappelijk onderwijs): „voruniversitärer Bildungsgang“ mit Gymnasium, Atheneum oder Lyzeum
2. HAVO (hoger algemeen voorbereidend onderwijs): höherer allgemein bildender Ausbildungsgang, entsprechend der deutschen Fachhochschulreife
3. VMBO, aufgeteilt in drei Bildungsgänge: MAVO (middelbaar algemeen voorbereidend onderwijs) entsprechend der deutschen Realschule, LBO

(lager beroepsonderwijs) und VBO, eine Art von Hauptschule, und IVBO (individueel voorbereidend onderwijs), eine Art Sonderschule

Berufsbildungsgänge (MBO) folgen auf einen berufsorientierenden oder allgemein bildenden Bildungsgang. Sie dauern nicht länger als vier Jahre und bieten Kurse aus den Bereichen Hauswirtschaft, Gesundheit, Landwirtschaft etc. an.

Berufliche Kurzausbildungsgänge (KMBO) bereiten Jugendliche ab 16 Jahren mit einem LBO- oder MAVO-Zeugnis auf Tätigkeiten in einfachen Bereichen vor.

Es gibt sowohl Vollzeitausbildungsgänge als auch Ausbildungen im „dualen System", d. h. an ein oder zwei Tagen erfolgt der Unterricht, an den übrigen Tagen die praktische Arbeit im Betrieb.

Der Ausbildung an einer Universität wird das Kapitel 7.3 gewidmet.

7.2 Nationale und internationale Schulen

Es gibt in den Niederlanden eine Vielzahl von staatlichen und privaten Schulen. Nur ein Drittel der Kinder geht auf eine staatliche Schule.

Daneben gibt es konfessionelle und ethnisch-konfessionelle Schulen, Schulen mit einer bestimmten Schwerpunktverteilung im Lernsystem und Schulen mit stark ideologisch geprägtem Hintergrund wie z. B. die Waldorfschule, hier vrije school genannt. Die Kosten der Schulen variieren, die staatlichen Schulen sind kostenlos.

Neben internationalen Schulen bestehen deutsche, französische, britische, amerikanische, japanische und indonesische Schulen.

Die privaten Schulen werden auch vom Staat finanziell unterstützt – sie erhalten ein Pauschalbudget.

Möchte man sein Kind auf einer bestimmten Grundschule platzieren, so empfiehlt es sich, es schon bei seiner Geburt dort anzumelden, da die Warteliste auf manchen besonders guten Schulen jahrelang ist.

Im siebten und achten Grundschuljahr erfolgt die Ausrichtung auf den weiterführenden Unterricht. Die Kinder besuchen die open dagen der verschiedenen Schulen und können dann abhängig vom Ausschlag des cito-toets die von ihnen ausgewählte höhere Schule besuchen.

Die Beurteilung auf allen Schulen und der Universität erfolgt mit den Noten eins bis zehn, wobei zehn die beste Note ist und eins die schlechteste.

7.3 Universitäten

In den letzten zwei Jahren von HAVO und die letzten drei Jahre von VWO muss sich der Schüler für ein bestimmtes Fächerpaket entscheiden, und zwar Natur und Technik, Natur und Gesundheit, Ökonomie und Gesellschaft oder Kultur und Gesellschaft. Für die Zulassung in mehreren Studienfächern sind bestimmte Fächerpakete erforderlich. Unter Umständen können daher zuvor Beischulungen verlangt werden.

Mit dem akademischen Jahr 2002/2003 wurde in den Niederlanden offiziell die Bachelor-Master-Struktur eingeführt, welche ein international anerkanntes Diplom ist. Nach dem Masterdiplom gibt es die Möglichkeit, eine Doktorarbeit zu schreiben. Im Gegensatz zu Deutschland wird diese hier noch öffentlich in feierlichem Rahmen vor einer Kommission verteidigt.

Das Bachelor-Master-System ist aufgeteilt in Studienpunkte; ein Studienpunkt beinhaltet 28 Stunden. Es müssen 60 Studienpunkte pro Jahr erbracht werden. Verschiedene Fächer bieten unterschiedliche Studienpunkte; diese sind im Studienführer vermerkt.

Gibt es zu viele Bewerber für eine Studienrichtung, so entscheidet das Los über eine bestimmte Selektion: Je höher die gemittelte Abschlussnote der weiterführenden Schule war, desto größer ist die Chance, bei der Lotterie zu gewinnen.

Eine Liste der Universitäten ist den unten angegebenen Websites sowie dem Ratgeber „Studieren in den Niederlanden“, Verlag interna GmbH, zu entnehmen.

Eine Eigenart in der niederländischen Studentenwelt ist bei der Aufnahme in eine Studentenvereinigung die ontgroening, übersetzt „Entgrünung“ – ein Ritual, in dem der Mut und die „Reife“ eines Studenten getestet werden. Da das niederländische Studentenleben für Männer und Frauen das gemeinschaftliche Wohnen in einem Studentenhaus im Rahmen einer Studentenvereinigung kennt (nicht zu verwechseln mit Studentenheim), muss beinahe jeder Student mit solch einem Ritual rechnen. Nachdem diese Rituale nach dem Tod einiger Studenten durch absurde „Mutproben“ in Verruf gekommen sind, haben sie inzwischen etwas sanftere Formen angenommen; mir sind aber immer noch vereinzelt Fälle bekannt, in denen sich die Studenten nach dieser Zeit, oft bis zu zwei Wochen, in krankenhausreifem Zustand befanden. Im Film „Soldat van Oranje“ wird übrigens am Anfang eine ontgroening aus den dreißiger Jahren des 20. Jahrhunderts gezeigt.

7.4 Sport

Das Wasser lädt in den Niederlanden natürlich zu einer Vielzahl von Sportarten ein; so ist das Segeln weit verbreitet, Windsurfen, Kitesurfen und auch Wasserski – dazu ist der Wind allerdings oft zu stark.

Ein anderer wichtiger Sport ist das Hockey. Fast jedes Kind beginnt schon im Grundschulalter mit diesem Sport und durchläuft darin eine ganze Karriere. Kinder, die gut im Hockey sind, werden auf der Schule populär, und manches Elternpaar brüstet sich mit den Erfolgen des kleinen Stars und identifiziert sich so mit den Pluspunkten des Teams, so dass schon Werbespots im Radio entwickelt wurden, um diesen Sport zum kindlichen Spiel zurückzuführen und nicht zur Ambition der Eltern werden zu lassen. Neben dieser eher unerfreulichen, übermäßig leistungsbetonten Seite lehrt das Hockey ein Kind jedoch auch, Teamgeist zu entwickeln, sich genügend zu bewegen und eine innere Flexibilität zu bekommen, denn gespielt wird bei jedem Wetter ungefähr dreimal pro Woche.

Neben Fußball, Basketball und Tennis, was auch in anderen Ländern viel gespielt wird, hat das Golfspiel hier seinen besonderen Platz, teils wegen der angelsächsischen Ausrichtung des Landes, teils wegen der landschaftlichen Bedingungen. Ebenso spielt das Reiten eine große Rolle –, die Dünen, der Strand und das platte Land eignen sich natürlich hervorragend dafür.

In der Wintersaison wird das Eislaufen als Nationalsport betrieben, und jedes Jahr lebt in den Niederländern die große Erwartung, ob der berühmte „Elfstedentocht“ ausgeführt werden kann. Das ist ein Eislaufrennen über die Kanäle entlang elf friesischer Städte; am Ende gibt es Medaillen und ein großes Fest mit warmer Schokoladenmilch und Glühwein. Die letzten Jahre konnte der Elfstedentocht wegen zu warmen Wetters leider nicht stattfinden. Der letzte fand im Jahre 1997 statt! Will man das Herz der Niederlande kennenlernen, darf man sich dieses Ereignis nicht entgehen lassen!

Ein ebenso sehr berühmtes Event ist der „Nijmegse Vierdaagse“, ein vier Tage lang dauernder Fußmarsch, bei dem sich unter bestimmten Bedingungen jeder einschreiben kann, um mitzumachen. Ursprünglich begann diese Tradition 1904 mit dem Ausrichten eines Fußballturniers, um die Kondition der Niederländer zu verbessern, und entwickelte sich über die Jahre hin zu diesem Marsch.

Die unten angegebenen Websites geben eine Übersicht über die verschiedenen Sportmöglichkeiten.

7.5 Adressen

Bildung und Erziehung
www.fion.nl
www.hbo-raad.nl
www.minocw.nl
www.nuffic.nl
www.sio.nl
www.theofficialmasterguide.nl
www.voo.nl

Schulen
www.britishschool.nl
www.disdh.nl, Deutsche Internationale Schule Den Haag
www.ishthehague.nl, Internationale Grundschule
www.isrlo.nl, Internationale höhere Schule
www.lyceefrancaisdespaysbas.fr.fm
www.sio.nl

Universitäten
www.eur.nl, Rotterdam
www.euruni.edu, European University
www.leidenuniv.nl
www.msm.nl, Maastricht School of Management
www.nyenrode.nl, Nyenrode Universiteit
www.ou.nl, Open Universiteit Nederland
www.rotterdambusinessschool.nl
www.ru.nl, Nijmegen
www.rug.nl,Groningen
www.tydelft.nl, Delft
www.unimaas.nl, Maastricht
http://universiteiten-studieverenigingen.startpagina.nl
www.uu.nl, Utrecht
www.uva.nl, Amsterdam
www.vsnu.nl
www.vu.nl

Deutsche kulturelle Einrichtungen

Goethe-Institut Amsterdam
Herengracht 470
1017 CA Amsterdam
Telefon: 020-531 29 00
Telefax: 020-638 46 31
info@amsterdam-goethe.org

Goethe-Institut Rotterdam
Westersingel 9
3014 GM Rotterdam
Telefon: 010-209 20 90
Telefax: 010-209 20 72
info@rotterdam-goethe.org

www.deutschebib.de, Deutsche Bibliothek

Sport
www.digisport.nl
www.nederland-web.nl/sportenspeloverzicht/

Fußball, Hockey, Golf, Reiten
www.golfinfo.nl/
www.hockeyclub.info/
http://nienke.ismijnpaard.eu/maneges.html
www.voetbal.nl
www.voetbalnederland.nl

Wassersport
www.hsa.nl
http://kitesurf.starkabel.nl
www.pipodekloon.nl
www.sailing.nl
www.waterskibond.nl
www.zeilen.biz
www.zeilen.bootnederland.nl

8. Tägliches Leben

8.1 Einkaufen

Die Niederländer sind ein sparsames Volk, was u. a. noch auf den lange Zeit hier herrschenden Calvinismus zurückzuführen ist. Die Früchte dieser Sparsamkeit jedoch sind Geschäfte, die dieser inneren Seelenhaltung ihrer Kunden Rechnung tragen. Die offiziell zwei Ausverkaufsaisons werden so weit ausgedehnt, dass die Zeit der regulären Preise dazwischen nur kurz besteht, die meisten Lebensmittelgeschäfte haben ständig laufende Sparaktionen und gegenseitig sich übertreffende Sonderangebote, und es gibt eine große Menge an „Billiggeschäften" mit allerdings oft auch minderwertiger Ware. Ich habe das Naserümpfen über die kleinbürgerlichen Sparkarten hier schnell abgelegt, nachdem ich feststellte, wie viel Geld ich damit sparen konnte.

Das System der großen Supermärkte, wie es z. B. in Deutschland üblich ist, besteht hier weniger. Zwar haben die Supermärkte eine gute, wenn auch nicht übertrieben fantasievolle Auswahl, die ausgefalleneren oder etwas lustigeren Artikel jedoch muss man in dafür spezialisierten Geschäften kaufen, von denen es hier sehr viele gibt, ähnlich wie in England.

Das macht das Einkaufen zwar etwas umständlicher, aber auch viel netter, weil man in den verschiedenen Geschäften mit der Zeit Kontakte mit den Besitzern anknüpft und überall einen Plausch halten kann, wenn man das will.

Auch für Kleider und andere, ausgefallene Artikel dieser Welt gibt es eine Fülle von oft sehr fantasievollen kleineren oder größeren Geschäften. Besonders Amsterdam, das beinahe einen Kult in Individualismus pflegt, bietet hier eine Riesenauswahl.

Die größeren Lebensmittelgeschäfte sind üblicherweise montags bis freitags von 8 bis 22 Uhr geöffnet, am Samstag bis 20 Uhr und am Sonntag zwischen 12 und 18 Uhr. Die meisten anderen Geschäfte sind montags am Vormittag geschlossen und öffnen erst zwischen 12 und 14 Uhr, wenn sie nicht ganz geschlossen bleiben.

8.2 Haushaltshilfen und Au-Pair-System

Eine Haushaltshilfe zu einem erschwinglichen Lohn zu bekommen, ist nicht schwierig in den Niederlanden. Neben Reinigungszentralen, die kleine Trupps organisieren, was mehr für Büros und Praxen geeignet ist, bietet sich eine Vielzahl von Hilfen aus allen Ländern an, die sehr gut arbeiten. Besonders häufig trifft man auf polnische und philippinische Menschen. Hat man Eingang gefunden zu Letzteren, kann einem niemals mehr etwas passieren, denn im Falle von Erkrankung, Verhinderung oder Umzug wird man einfach im Familienkreis herumgereicht. Ich habe hier inzwischen die ganze zahlreiche Familie meiner ursprünglichen Putzhilfe auf diese Weise kennengelernt.

Viele Familien, besonders mit kleinen Kindern, bevorzugen Au-Pair-Hilfen, die mit zusätzlichem Lohn auch oft bereit sind zu putzen. Das Au-Pair-System ist hier gut geregelt, die unten angegebenen Kontaktstellen bieten Informationen über die Prozedur.

8.3 Haustiere

Da die Niederländer ausgesprochen kinderlieb sind, breitet sich das auch auf die Haustierhaltung aus, und Familien mit vielen Kindern haben darum auch oft viele Tiere. Das Tier als Kindersatz und Mittel gegen Einsamkeit ist hier, glaube ich, weniger verbreitet, obwohl besonders alte Menschen auch hier dank ihrer kleinen Freunde ständige Gesellschaft haben.

In jeder Stadt gibt es eine Vielzahl von Tierarztpraxen, die Informationen über Impfungen sowie zur Haltung und Versorgung eines Tieres geben. Übers Internet und die zahlreichen Tierhandlungen lassen sich leicht die gewünschten Haustiere beschaffen.

Für Katze und Hund müssen monatlich Steuern bezahlt werden.

8.4 Sicherheit

Der Binnenlandse Veiligheidsdienst (BVD), seit 2002 Algemene Inlichtingen- en Veiligheidsdienst (AIVD), wurde 1949 eingerichtet und hat die Aufgabe, die Sicherheit innerhalb des Landes zu gewährleisten. Nach dem Motto „Sicherheit beginnt bei Vorbeugung“ wurden verschiedene Programme zur Vorbeugung und Bekämpfung von Kriminalität, Aggression und sinnloser Gewalt, Diebstahl und Terrorismus entwickelt.

Nach den Morden an Pim Fortuyn und Theo van Gogh wurden im Ausland viele Artikel und Bücher über die angstbeladene Atmosphäre in den Niederlanden geschrieben. Mein persönlicher Eindruck ist, dass das nicht stimmt. Das Leben ist hier ausgesprochen entspannt: Kinder können ohne Aufsicht auf der

Straße spielen ohne Angst vor einer Entführung, Fahrräder werden mit gefüllten Taschen vor den Läden vertrauensvoll abgestellt, und Haustüren stehen bei schönem Wetter weit offen. Natürlich wird auch hier eingebrochen, überfallen und geraubt, aber in der Atmosphäre spiegelt sich das nicht.

In Amsterdam spielt die Beschaffungskriminalität von Drogenabhängigen eine Rolle, übrigens nicht schlimmer als in anderen europäischen Großstädten trotz der freien Drogenpolitik, und dort gibt es auch wie in anderen Städten der Welt das organisierte Verbrechen. Daneben bilden Spannungen zwischen verschiedenen Völkern und Glaubensrichtungen Anlass zur Unruhe, doch nicht mehr als in anderen Ländern.

In den verschiedenen Wohnvierteln gibt es Sicherheitsdienste, die gegen Bezahlung nachts mehrmals die Gegend auf Einbrecher inspizieren, und auch die Polizei mit ihren für jedes Viertel zuständigen Agenten lässt sich regelmäßig sehen. Manchmal werden von ihr auch „Probeeinbrüche“ in Häuser und Autos organisiert, um die Sicherheit zu überprüfen. Die Polizei ist in den Niederlanden sowieso ziemlich präsent, meinem persönlichen Eindruck nach mehr als in jedem anderen europäischen Land – auch leider bei Verkehrskontrollen, doch hatte ich bis jetzt nur sehr freundliche und höfliche Begegnungen mit ihren Vertretern, die sich sehr menschlich benehmen, immer zum Diskutieren des „Falls“ zumindest bereit sind und dadurch und durch ihre Anwesenheit mehr das Gefühl von Sicherheit als von Bedrohung vermitteln.

8.5 Medien

Es gibt mehrere große Tageszeitungen, die tonangebendsten darunter sind wohl „De Telegraf“ (entsprechend „Bild“ in Deutschland), „NRC Handelsblad“, „De Volkskrant“, „Algemeen Dagblad“ und „Trouw“. Mir fiel hier sofort angenehm auf, dass die Seitenanzahl für ausländische Nachrichten immer höher ist als für nationale. Das mag mit der Kleinheit des Landes zusammenhängen, ist aber, glaube ich, auch ein Zeichen für die Offenheit der Niederländer und ihre Fähigkeit, sich selbst zu relativieren.

Daneben gibt es natürlich jede Menge Zeitschriften und Tratschblätter wie in Deutschland, auch mit der Variante, dass es einige Blätter mehr über Fürstenhäuser und Adel gibt, da die Monarchie den Niederländern doch sehr am Herzen liegt und mit manchmal etwas spöttischem, doch meist liebevollem Respekt geachtet wird.

Einer neueren Umfrage zufolge sind 58 % der Amsterdamer nicht zufrieden mit der Rolle, die das Königshaus heute erfüllt, 35 % finden, dass der Monarch keinerlei politische Funktion haben darf, und 23 % sind für die Abschaffung der Monarchie. Diese Zahlen gelten jedoch nur für die Stadt Amsterdam und nicht für die gesamten Niederlande.

Für Expats gibt es verschiedene gratis zu erhaltene Zeitungen wie „The Local Expat", „The xpat journal" und auch Zeitschriften, die man im Buchhandel kaufen kann, wie z. B. „Ajuus" und „xm magazine".

In Den Haag gibt es außerdem seit 2006 eine „Loyaltykarte", die jeder Expat bei seiner Ankunft erhält: „The Haguest Card" mit allerlei Hilfen und Adressen von expatfreundlichen Unternehmen.

Die Fernsehsender sind für mein Gefühl weniger seriös als die in Deutschland und zeigen sehr viel Reality-Programme, die ich persönlich immer etwas voyeuristisch erlebe. Doch es gibt auch Sender wie EO in Nederland 2, „evangelische omroep", der ernstere Programme über Religionen und Lebensfragen bringt. Daneben bestehen eine Menge von Talkshows wie in Deutschland, in denen über Politik, menschliche Schicksale und viel Unsinn gesprochen wird.

Der kijkwijzer gibt Altersempfehlungen für TV-Programme, Videos und Kinofilme an, dabei wird aber viel freier geurteilt als in Deutschland, und manche Filme, die hier ab zwölf Jahren freigegeben sind, würde ich mir selbst nicht angucken, so grausam sind sie. Da empfiehlt es sich, im Zweifelsfall die Filme erst selbst anzuschauen, bevor man sie den Kindern zeigt.

In den Videotheken kann es vorkommen, dass die Kinderfilme neben den harten Pornos mit entsprechenden Covern stehen – offensichtlich wird dann auf das gesunde Gefühl des Kindes vertraut, sich dafür nicht zu interessieren, und manchmal stimmt das ja auch – trotzdem bleibt das etwas befremdlich.

8.6 Ausgehen

Wie bereits oben erwähnt sind die Niederländer ein Volk, das gerne feiert und kaum eine Gelegenheit auslässt, um auf etwas ein „Borrelchen" zu trinken. Das spiegelt sich in der Vielzahl von Kneipen und Restaurants wieder, die zu solcherlei Aktivitäten einladen. Maastricht und Amsterdam, aber auch andere Studenten- und Touristenstädte haben bis in die Nacht ein lebendiges Leben; in Den Haag mit seinen vielen internationalen Organisationen findet das nächtliche Leben mehr in privaten Häusern, Clubs und Botschaften statt, aber auch hier gibt es Viertel mit regem Nachtleben, Jazzclubs, Diskotheken und den berühmten „braunen“ Kneipen (mit brauner Holzverkleidung im Innendekor). Im Sommer ist der Strand mit seinen vielen Restaurants und Clubs eine große Attraktion und sorgt für verstopfte Boulevards und Parkchaos.

Und in Amsterdam ist das Rotlichtviertel immer bei Touristen beliebt, die oft nur zum Gucken kommen, ohne die Dienste der Damen und manchmal auch Herren und Transvestiten in Anspruch nehmen zu wollen, die in verführerischen Posen im „Schau“-Fenster sitzen. Ich persönlich finde diesen Anblick weder spannend noch komisch; er macht mich eher traurig, da ganz oft unglückliche Schicksale und sich selbst erniedrigende Menschen in diesen Berufen zu finden sind. Es gibt zwar auch die lebensfrohen Amsterdamer Huren, die eine ganz eigene, herzerfrischende Art haben, sich in der Öffentlichkeit, mitunter auch in der Presse sehen zu lassen, aber sie sind inzwischen, soweit ich das beurteilen kann, doch eher in der Minderzahl.

Die Küche ist in den Niederlanden, allen Vorurteilen zum Trotz, ausgezeichnet, und es gibt hochfeine Restaurants mit sehr raffinierten Speisen. Natürlich kann man auch Pech haben wie überall, aber die Norm ist das nicht.

Immer wieder tauchen bestimmte „In-Lokale“ auf, in die man dann nicht nur wegen des herrlichen Essens, sondern auch wegen der schönen, lustigen oder hippen Atmosphäre und der schillernden Persönlichkeiten geht, die dort allabendlich zu besichtigen sind. Wenn man es nicht zu ernst nimmt, ist es ein lustiges Spiel, bei dem man viel Spaß hat. Die Tipps dazu muss man von „Insidern“ erhalten. Es würde nichts nützen, sie hier aufzuschreiben, da es sich zu schnell ändert.

Man kann in den Niederlanden Restaurants für die ausgefallensten kulinarischen Richtungen finden, und es gibt sehr viele indonesische Lokale mit vorzüglichem Essen in Erinnerung an die ehemaligen indonesischen Kolonien. Die Atmosphäre hat zwar dort auch noch oft eher Kolonialcharakter mit etwas gelangweilter, langsamer und leicht depressiv gestimmter Bedienung in indonesischer Tracht, es lohnt sich aber doch, das einmal auszuprobieren, man trifft hier einen essenziellen Kern des niederländischen Zusammenlebens, das noch in sehr vielen Menschen lebendig ist.

Es gibt natürlich auch viele Fischrestaurants, und am Hafen ist es wirklich ein „Muss“, Fisch zu essen, der hier superfrisch auf den Teller kommt. Auch findet man noch Restaurants mit typisch niederländischem (Bauern-)Essen wie stampot, das ist Kartoffelbrei mit Kohl oder Möhren, und Rauchwurst oder Erbsensuppe mit Speck.

8.7 Adressen

Au-Pairs, Erzieher/innen und Haushaltshilfen
www.aupair-world.nl
http://aupair.startpagina.nl
http://banen.tweedehands.net/huishoudelijk/
www.napoweb.nl
www.regeltante.nl
www.werkster.nl

Bücher
http://boekenwinkels.startpagina.nl
http://ilocal.nl/Boekhandels
www.paagman.nl
www.selexyz.nl
www.verwijs.nl
www.weisserosebuch.com
http://winkel.overzicht.nl

DVD-Verleih und Videotheken
www.dvdwinkel.nl
www.goudengids.nl/search/videotheken.html

Einkaufen
Supermärkte
www.ah.nl
www.aldi.nl
www.jumbosupermarkten.nl

Drogerien
www.etos.nl
www.kruidvat.nl

Modehäuser
www.bijenkorf.nl
www.vd.nl
www.zara.com

Restaurants
www.debesomming.nl, Cap Ouest, ausgezeichnetes Fischrestaurant im Hafen von Scheveningen
www.dinnersite.nl
www.eet.nu
www.wox.nl, Fusionkitchen, Den Haag
www.raar.nl, trendy, im Hafen Scheveningen
www.restaurantdekroonluchter.nl, sehr gute, internationale Küche, Nähe Theater Carré, Amsterdam
www.envy.nl, hip, trendy, kleine Häppchen- Küche, guter Wein
www.caferestaurantdauphine.nl, originell
www.bark.nl, eines der besten Fischrestaurants in Amsterdam, Küche bis 1 Uhr nachts offen

Restaurant Zwaantje't
Berenstraat 12
1016 GH Amsterdam
Telefon: 020-6232373
urholländisch, altmodisch, gesellig und bezahlbar

College Hotel BV
Roelof Hartstraat 1
1071VE Amsterdam
Telefon: 020-5711511
eine der schönsten internationalen Bars von Amsterdam, Essen besser bei „Le Garage" um die Ecke

Sicherheit
www.minbzk.nl
www.veiligheid.nl
http://veiligheid.startpagina.nl

Tageszeitungen und Zeitschriften
http://kranten.startpagina.nl
www.nrc.nl

www.proefabonnementen-gids.nl/proefabonnementen/dagbladen-kranten, Probeabonnements
www.telegraaf.nl
www.volkskrant.nl

Tiere
www.dierenwinkel.nl
http://dierenwinkel.startpagina.nl
www.zooplus.nl/dierenwinkel

9. Kulturelles Leben

9.1 Musik

Die Niederlande hatten früher den Ruf, kein Musikland zu sein. Das, so muss ich mit Nachdruck sagen, hat sich inzwischen total verändert. Das Interesse für Musik, die Möglichkeit der Ausbildung darin, die Qualität der Interpreten und das Angebot an Konzerten, Jazz- und Popevents, Festivals und Oratorien ist enorm und wird meinem subjektiven Erleben nach jedes Jahr reicher.

Das Concertgebouw in Amsterdam bietet neben einem der besten Orchester der Welt eine Vielzahl von interessanten und abwechslungsreichen Konzertserien mit großen Solisten. Auch das Musikzentrum Vredenburg in Utrecht und der Anton-Philipps-Zaal in Den Haag mit dem residentieorkest bieten neben vielen anderen Sälen in den ganzen Niederlanden ein hervorragendes Repertoire an.

Daneben werden in vielen Städten Festivals organisiert, die neben dem musikalischen Genuss auch in ihrer Atmosphäre oft viel Charme besitzen, wie das berühmte Hollandfestival mit viel moderner Musik, die stimmungsvollen Grachtenkonzerte, Festivals im alten Städtchen Delft, Konzerte am Strand, in Wasserschlössern etc. Große Namen wie Bernard Haitink, Valeri Gergiev, Jaap van Zweden sind nur einige von vielen, die diesen Aufführungen ihren Glanz verleihen.

In der Oratoriumszeit vor Ostern und Weihnachten gibt es unzählige Passionskonzerte überall in den Niederlanden, das ist hier ein richtiger Kult; darunter einige Aufführungen wie z. B. in Naarden, wohin „man“ hauptsächlich geht, um gesehen zu werden.

Auch die Jazzszene ist hier außerordentlich aktiv mit dem berühmten North Sea Jazzfestival, früher in Den Haag, jetzt in Rotterdam und vielen anderen Jazzkonzerten und Festivals. An Pfingsten wird jedes Jahr das große Pinkpop-Festival organisiert, und regelmäßig treten international bekannte Popstars besonders in den drei Städten Amsterdam, Rotterdam und Den Haag auf. Niederländische Künstler wie die Gruppen Blof und the Ex, Hermann van Veen, Marco Borsato oder der Rapper Ali B. haben internationalen Ruf erlangt.

Mehrere Konservatorien in den Niederlanden haben eine Vielzahl internationaler Studenten, aus denen große Musiker hervorgegangen sind.

Es gibt auch sehr bekannte niederländische Komponisten, im 19. Jh. z. B. Johannes Verhulst oder der Debussyschüler Alphons Diepenbrock, von den zeitgenössischen sind u. a. H. Andriessen, H. Badings und P. Schat weltberühmt geworden.

9.2 Tanz

Vielleicht machen es die Heiterkeit und Unbeschwertheit der niederländischen Seele, dass sich die Tanzkultur hier so weit entwickelt hat. Das Nederlands Danstheater mit Hans van Manen und Jiri Kylian, (der vom Stuttgarter Ballett hierher kam) in Den Haag gehört zu den berühmtesten Tanzcompagnien der Welt, und auch das Nationale Ballett in Amsterdam und Scapino in Rotterdam haben internationalen Ruf. Das Nederlands Danstheater ist in drei Gruppen eingeteilt, die verschiedenartiges Repertoire aufführen, teils mehr klassisch, teils sehr modern und experimentell. Ein Besuch lohnt sich hundertprozentig! Regelmäßig werden auch in diesem Bereich Festivals organisiert wie z. B. die jährliche „Dansparade“, bei der hauptsächlich Amateurtänzer in den Straßen von Den Haag tanzen, und das professionelle Hollanddansfestival.

Auch alle andere Arten von Tanz sind regelmäßig auf niederländischen Bühnen zu sehen.

9.3 Kunst

Abgesehen davon, dass die Niederlande durch ihre Tradition von berühmten Malern und Grafikern wie Rembrandt und van Gogh, Mondriaan und Escher und noch sehr vielen anderen eine enorme Anzahl von wichtigen Künstlern hervorgebracht haben, bieten sie auch eine riesige Auswahl an Museen, Messen und Galerien, um die Werke der eigenen Meister zu zeigen und Künstlern aus der ganzen Welt die Möglichkeit zu geben, gesehen zu werden. In dieser Hinsicht, vor allem in Bezug auf die Offenheit, mit der das geschieht, kann man die Niederlande wohl mit den großen Kunstmetropolen wie London oder New York vergleichen. Museen wie das Rijksmuseum in Amsterdam oder das Mauritshuis in Den Haag werden wohl beinahe jedem Besucher der Niederlande vertraut sein, aber es gibt auch sehr viele weniger bekannte Museen, die kleine Juwelen in der Kunstwelt darstellen.

Die Gruppe COBRA, die 1948 in Paris gegründet wurde, deren Name sich aus den Städten Copenhagen, Brüssel, Amsterdam zusammensetzt und zu der u. a. Asger Jorn, Constant, Karel Appel und Corneille gehören bzw. gehörten, spielt in den Niederlanden noch eine große Rolle. Neben vielen Galerien, die Werke der COBRA-Gruppe ausstellen, sind das Cobramuseum für Moderne Kunst in Amstelveen und die Stiftung De Appel in Amsterdam sehr sehenswert.

Auch Architekten wie Berlage, der Architekt und Möbelentwerfer Gerrit

Rietveld und der heute lebende Rem Kohlhaas haben weltweiten Einfluss auf die Entwicklung der Architektur genommen.

9.4 Literatur

Die Ursprünge der niederländischen Literatur sind bis ins 12. Jahrhundert zurückzuführen. Zur Zeit des Humanismus entwickelte sich das humanistisch-christliche Theater, es entstanden z. B. die Dramen des G. Macropedius. Im 15. Jahrhundert kam die bürgerliche Dichtung hervor, und die im 17. Jahrhundert von Constantin Huygens verfassten Gedichte spielen auch heute noch eine Rolle, ebenso die Werke von Joost van den Vondel. Um 1880 bildete sich die Gruppe der „Tachtiger"; zu ihr gehörten Louis Couperus und A. Verwey.

Nach dem Zweiten Weltkrieg wurde das Tagebuch der Anne Frank weltbekannt, allerdings vor allem als berührendes Zeitdokument.

In der jetzigen Zeit gibt es sehr viele international bekannte Schriftsteller wie Hella Haasse, Cees Nooteboom, Leon de Winter, Anna Enquist und Harry Mulisch, um nur einige von ihnen zu nennen.

9.5 Attraktionen und Sehenswürdigkeiten

Attraktionen aller Arten sind hier sehr beliebt: Attractieparks, Attractiecentra, Attractiecircus – es kann nicht spannend genug werden. Junggesellenfeste, Frauenabende, Kindergeburtstage – immer werden Möglichkeiten gefunden, um Attraktionen zu genießen. Neben einem gewissen Hang zur Oberflächlichkeit drückt sich hierin auch eine enorme Lebens- und Abenteuerlust aus, die den Niederländern zu Eigen ist.

Neben den ganz lauten und schnellen Attraktionen wie den Vergnügungsparks oder Bungee Jumping gibt es auch noch besinnlichere Aktivitäten und Sehenswürdigkeiten wie das Wachsfigurenkabinett der Madame Tussaud, die Miniaturstadt Madurodam in Den Haag oder das interaktive Nemo-Attractie-Museum in Amsterdam, das Zee (Zee bedeutet im Niederländischen Meer) Aquarium in Bergen aan Zee oder den Zoo Blijdorp in Rotterdam.

In vielen Städten der Niederlande finden an bestimmten Tagen Antiquitätenmärkte statt, auf denen sehr schöne Stücke zu nicht zu hohen Preisen angeboten werden. Auch die Wochenmärkte bilden eine wunderschöne, bunte, multikulturelle Kulisse friedlichen Zusammenlebens wie z. B. der „Haagsche Markt", der sich kilometerlang erstreckt und auf dem man zu Spottpreisen Lebensmittel, Kleider und Gebrauchsgegenstände aus der ganzen Welt kaufen kann.

Zur Blütezeit bilden die Tulpenfelder in der Umgebung von Haarlem einen prachtvollen Anblick, und der Park Keukenhof bietet im Frühjahr eine Explosion der verschiedenfarbigsten duftenden Blumen, was wirklich ein Erlebnis ist.

In der Umgebung von Utrecht findet man zahlreiche prachtvolle Landgüter, die umgeben sind von wunderschönen Parks. Nicht alle sind für die Öffentlichkeit zugänglich und manche nur im Sommer zu besichtigen, aber das kann man den unten angegebenen Websites entnehmen.

Was man sicher nicht zu besuchen versäumen sollte, ist das Anne-Frank-Haus in Amsterdam, das ein erschütterndes Zeitdokument darstellt.

Auf den unten angegebenen Websites kann nach Herzenslust nach Besichtigungen, Attraktionen und Ausflügen aller Art gefahndet werden.

9.6 Internationale Clubs und Vereinigungen

Neben dem Rotary und Lions Club sowie dem Deutschen Club gibt es eine Vielzahl internationaler Clubs mit verschiedenen Schwerpunkten hinsichtlich der Zielsetzung. So wollen z. B. Connecting women und Women's International Network Frauen die Möglichkeit bieten, ein Netzwerk aufzubauen, andere Clubs möchten Expats die Chance geben, Menschen ihres Heimatlands zu treffen, und Künstlerclubs den Austausch zwischen den Artisten befördern.

Außerdem gibt es eine Reihe von internationalen Vereinigungen in den Niederlanden. Eine Auswahl, vor allem der deutschsprachigen, ist unten zu finden.

9.7 Adressen

Kultur – allgemein
www.b9.nl
www.OnlineTicketshop.nl
www.uitlijn.nl

Theater und Musical
www.fortiscircustheater.nl
http://ilocal.nl/Theaters
www.ks.nl, Koninklijke Schouwburg, Den Haag
www.musicals.nl
www.schouwburg.rotterdam.nl
http://theater.startpagina.nl
www.theatercarré.nl
www.thego.nl

Oper
www.dno.nl, De Nederlandse Opera
www.muziektheater-nederland.nl
www.opera-nederland.nl
http://opera.startkabel.nl
www.operarotterdam.nl
www.operaweetjes.nl

Konzert
http://concert.startpagina.nl
www.concertgebouw.nl
www.paradiso.nl
www.podiuminfo.nl/concertagenda.php
www.westerkerk.nl

Tanz
http://hollanddance.plant.nl
www.ndt.nl, Nederlands Dans Theater
www.omroep.nl/nps/dans/
www.theaterinstituut.nl

Informationen zu Museen
Allgemein
www.museum.nl

Museen
www.beeldenaanzee.nl, Museum Beelden aan Zee, Den Haag – Scheveningen
www.binnenhofbezoek.nl
www.boijmans.nl, Museum Boijmans van Beuningen, Rotterdam
www.bonnefanten.nl, Bonnefantenmuseum, Maastricht
www.cobra-museum.nl, Cobra Museum Voor Moderne Kunst, Amstelveen
www.deappel.nl, Stichting De Appel, Amsterdam
www.groninger-museum.nl, Groninger Museum
www.hermitage.nl, Hermitage, Amsterdam
www.kunsthal.nl, Kunsthal, Rotterdam
www.mauritshuis.nl, Mauritshuis, Den Haag
www.mondriaanhuis.nl, Mondriaanhuis, Museum voor Constructieve en Concrete Kunst, Amersfoort
www.rietveldschröderhuis.nl, Rietveld Schröderhuis, Utrecht
www.rijksmuseum.nl, Rijksmuseum, Amsterdam
www.singerlaren.nl, Singer Museum, Laren
www.vangoghmuseum.nl, Van Gogh Museum, Amsterdam

Internationale Clubs
www.alliance-francaise.nl
www.connectingwomen.nl
www.elynx.nl, English Speaking Community in the Netherlands
www.euronet.nl/users/iwc_amst, International Women's Contact, Amsterdam
www.john-adams.nl
www.lions.nl
www.maisondescartes.com
www.rotary.nl
www.womensinternational.net, Women's International Network

Sehenswürdigkeiten, Attraktionen und verschiedenartige Veranstaltungen
www.adjonet.nl
www.angelfire.com
www.annefrank.nl
http://attracties.startpagina.nl
www.aub.nl, Amsterdamsuitburo
www.b9.nl/pretpark/
www.ertussenuit.nl

www.excite.nl
www.haagsuitburo.nl
www.holland.com
www.keukenhof.nl
www.madametussauds.nl
www.madurodam.nl
www.theagenda.nl
www.thebestplaceto.be/uitstapjes.asp
www.uitburo.nl
www.vvv.rotterdam.nl
www.weekendplanner.nl

Vereinigungen
www.amsterdam.seemannsmission.org
www.asf-ev.de/nl, Aktion Sühnezeichen Freiedensdienste
www.deutsch-nl-verein.nl
www.deutscherklub.nl
www.seemannsmission.org

Erfolgreiches Auslandsstudium in den Niederlanden

Die Niederlande sind beliebt bei deutschen Studenten: Mehr als 12.000 entscheiden sich jedes Jahr für ein Studium in unserem Nachbarland, und die Tendenz ist steigend, weiß Inge Keyte von der Niederländischen Botschaft in Berlin. Das mag an der räumlichen Nähe zu Deutschland liegen, ist aber nicht der einzige Grund. Neben den Universitäten bieten die Hogescholen (vergleichbar den deutschen FHs) eine stark praxisbezogene wissenschaftliche Ausbildung an; daneben existieren Studienangebote, die es in Deutschland so nicht gibt, etwa Logopädie oder Ergotherapie. Außerdem sind Land, Leute und Lebensart ein starker Anziehungspunkt.
Doch wie geht man sein Vorhaben, in „Holland" zu studieren, an? Was alles ist an Vorbereitungen nötig – studienbezogen, organisatorisch und privat? Wie und wo informiere ich mich optimal über Unis, Fächerangebot, akademische Abschlüsse? Wie ist das mit der wechselseitigen Anerkennung von Scheinen und Abschlüssen in Deutschland und den Niederlanden? Wie man Klippen umschifft und sein Studentenleben bei unseren Nachbarn gründlich vorbereitet, vermittelt jetzt ein neuer Ratgeber aus dem Bonner Fachverlag interna: „Studieren in den Niederlanden" von Jörg Mielczarek.

Von der Wahl der Uni bis zur Wohnungssuche: Vorbereitung leicht gemacht

„Gezielt planen – erfolgreich studieren" lautet das Motto dieses Buchs, denn genau das wird dem Leser ermöglicht. Der Autor leitet ihn durch alle Phasen seiner Vorüberlegungen und praktischen Vorbereitungen mit dem Ziel, sein Vorhaben realistisch und fundiert anzugehen, um so unnötige Kosten, Zeit und Ärger zu sparen. Rund um das Studieren in den Niederlanden bekommt man praxiserprobte Tipps zu wichtigen Punkten wie > Hochschularten > Studienplatz- und Wohnungssuche > Finanzen und soziale Absicherung > Beratungs- und Informationsstellen zu allen Punkten, jeweils mit kompletten Adressen und Websites für sofortige Kontaktaufnahme und vielem mehr – wertvolle Informationen, kompakt und sofort umsetzbar aufbereitet.
Dieser Praxisratgeber wird jedem, der sich für das Studieren in den Niederlanden ernsthaft interessiert, zum wertvollen Begleiter werden. Das Buch erscheint übrigens im Digitaldruck; dies gewährleistet die laufende Einarbeitung von Änderungen und Ergänzungen und damit stets optimale Aktualität.